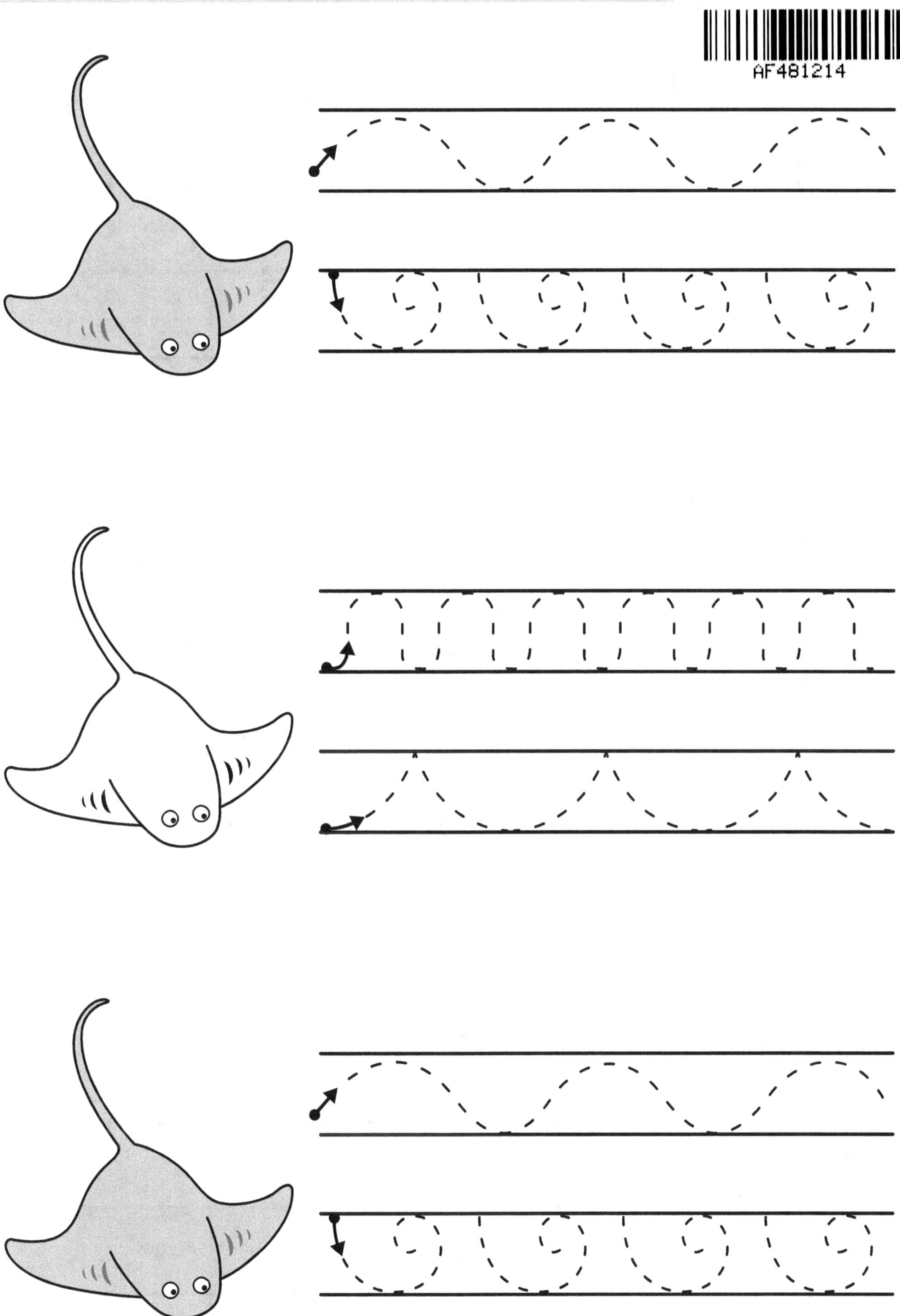

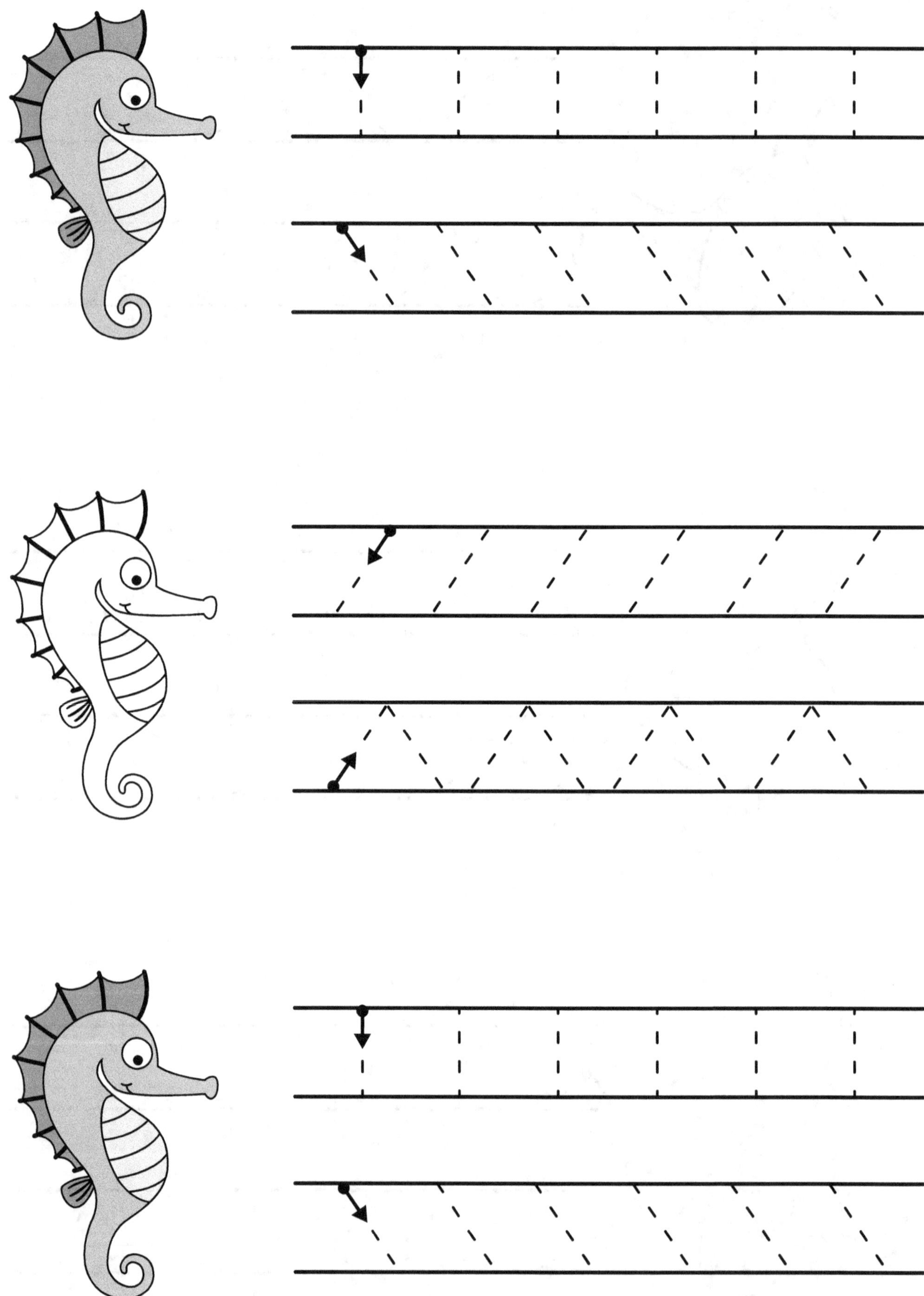

DIESES BUCH GEHÖRT

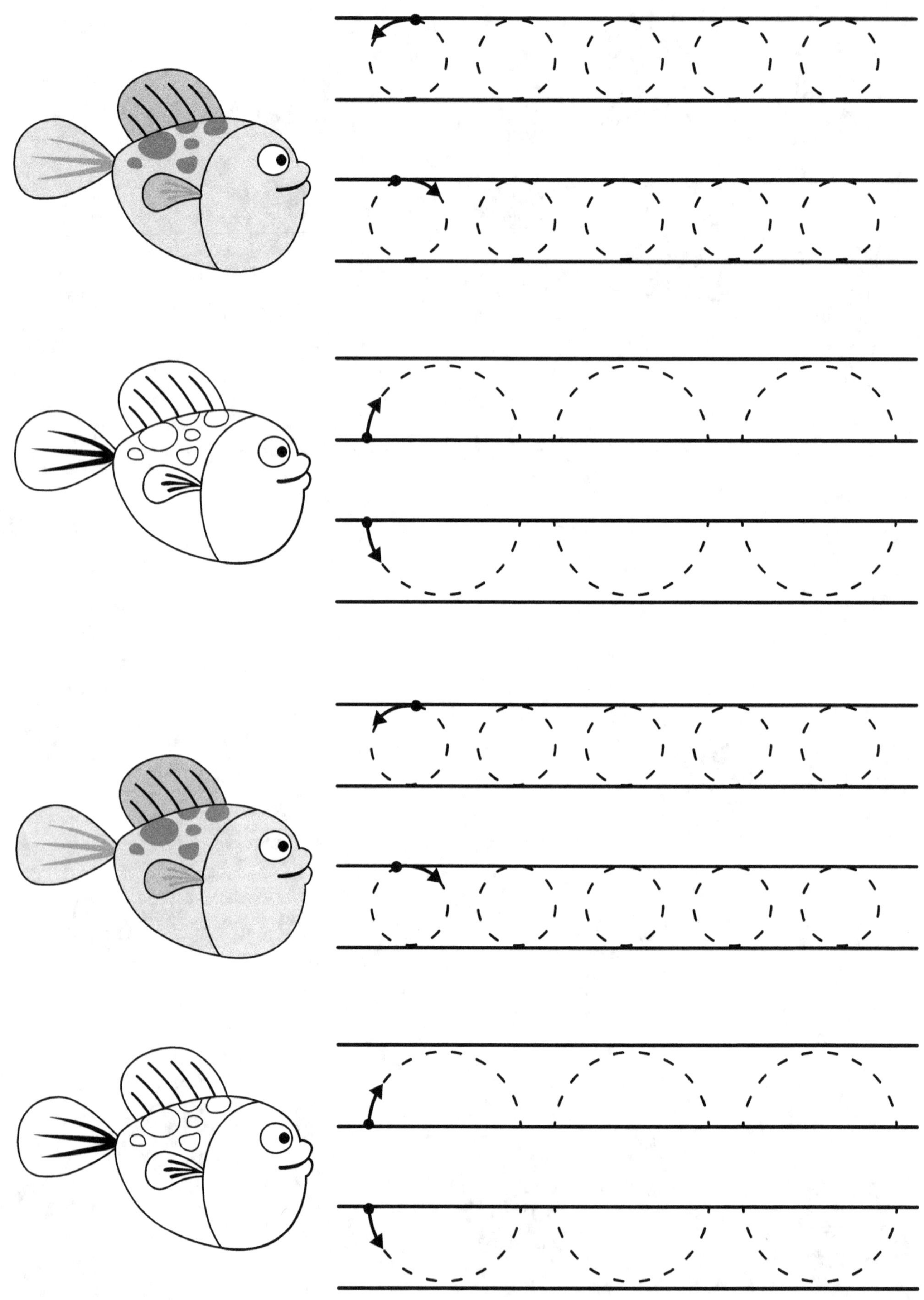

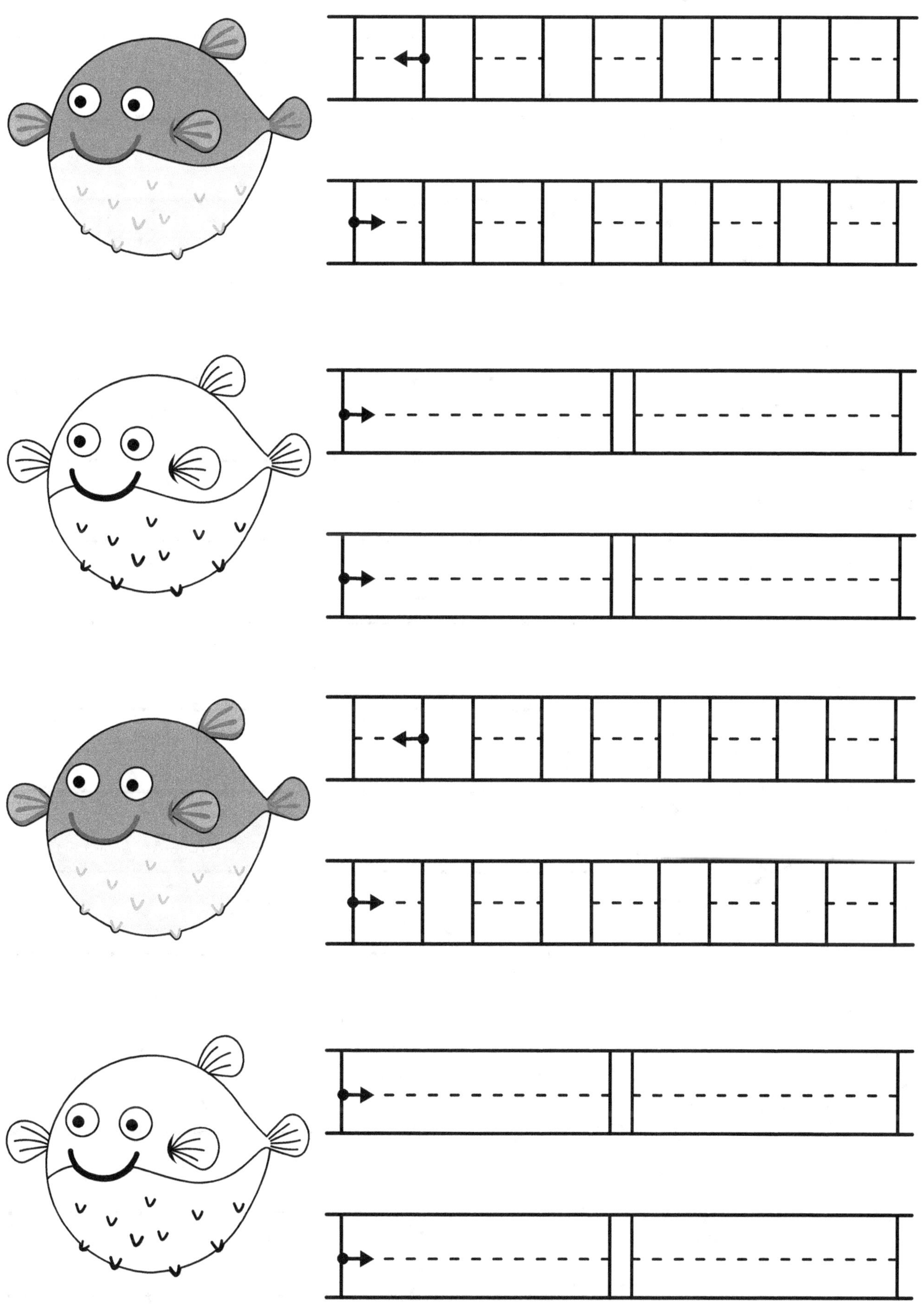

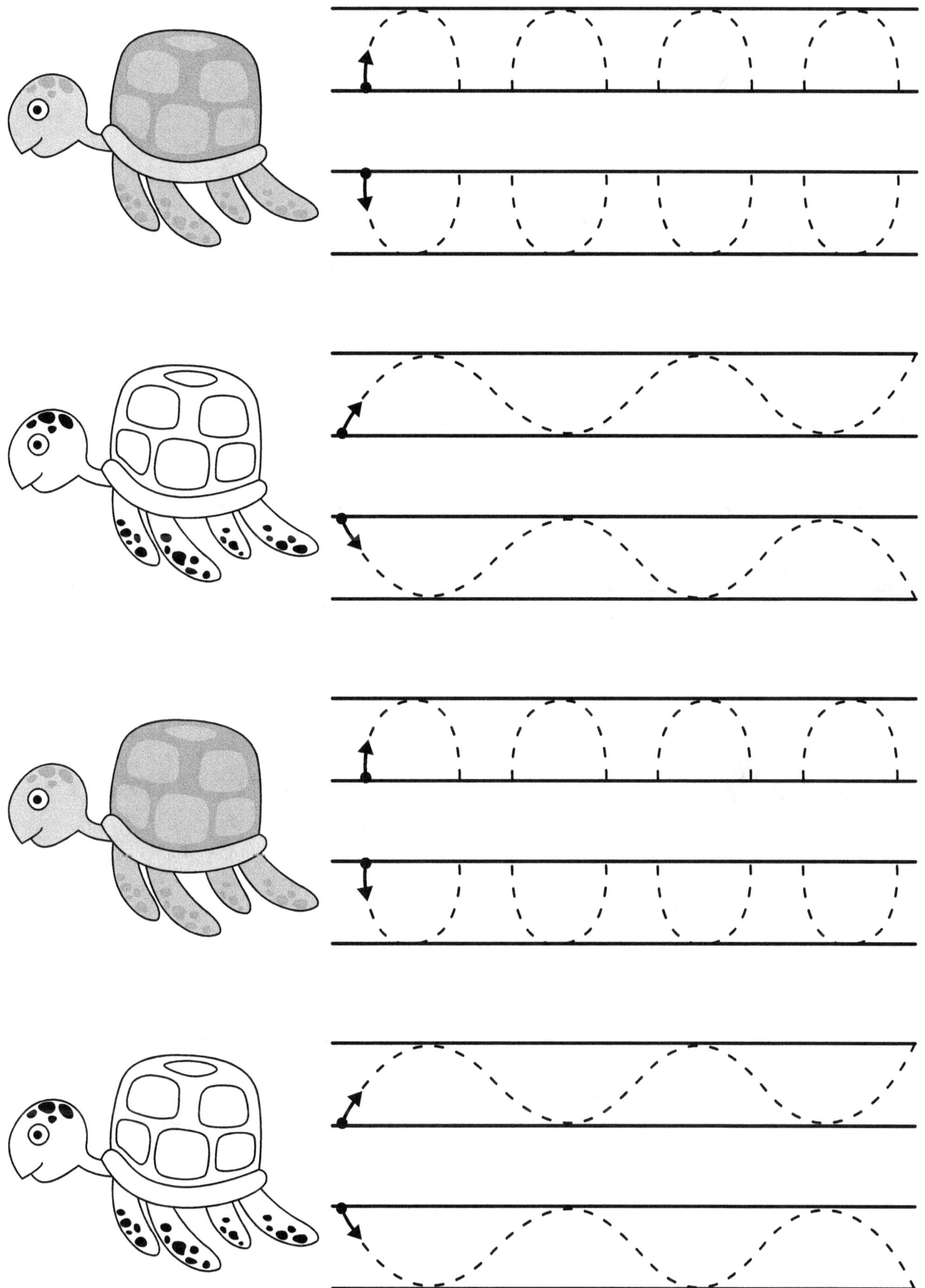

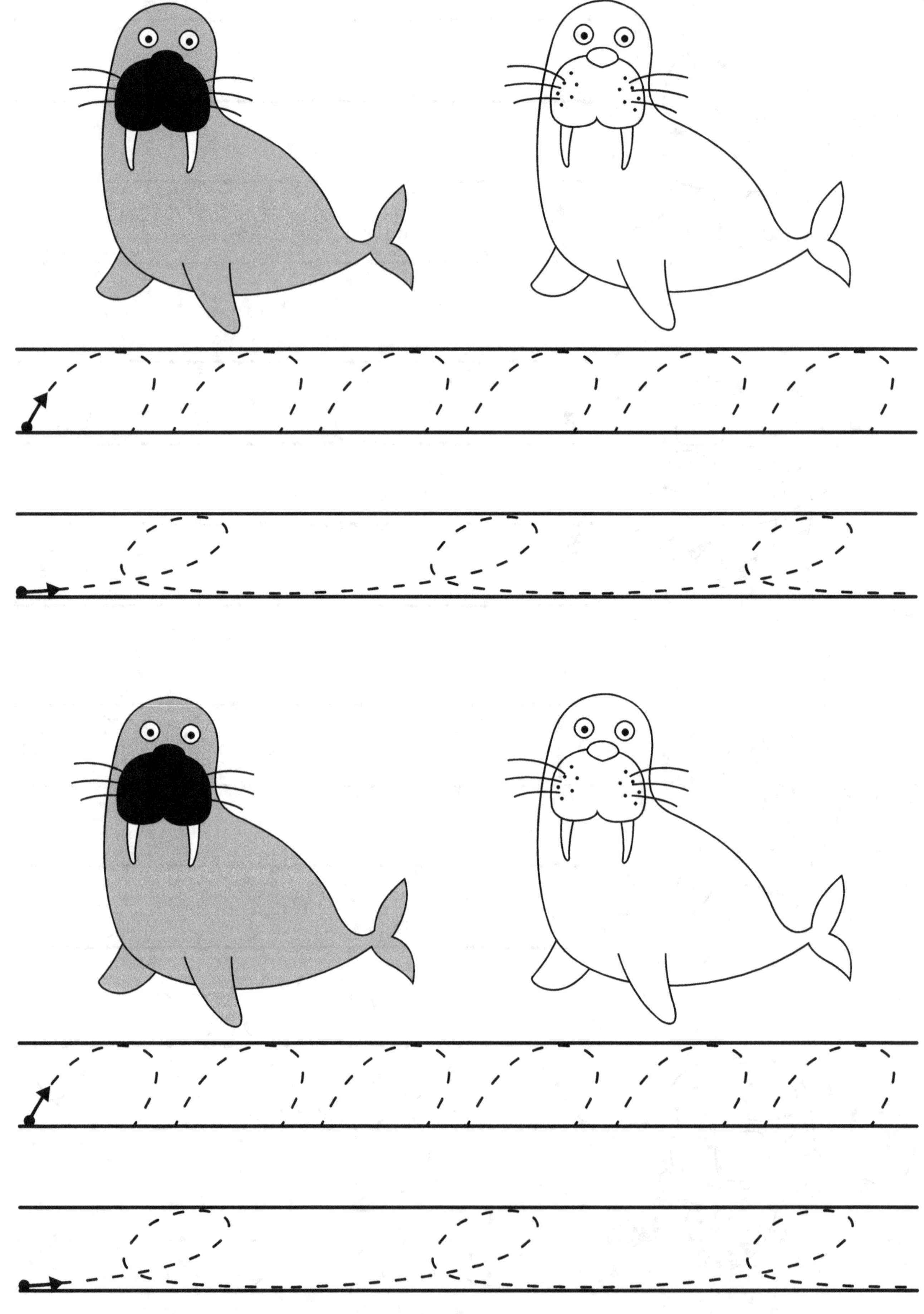

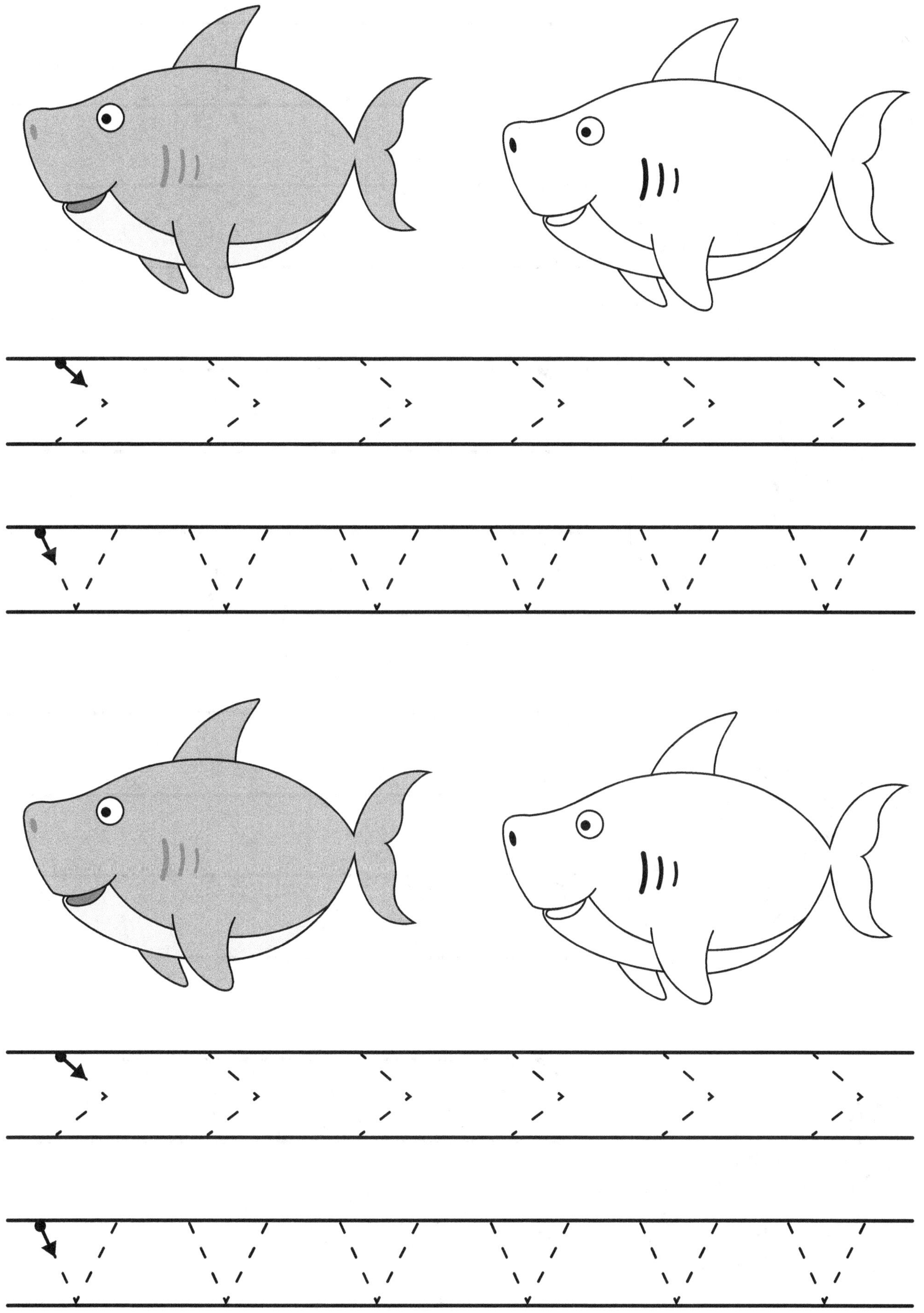

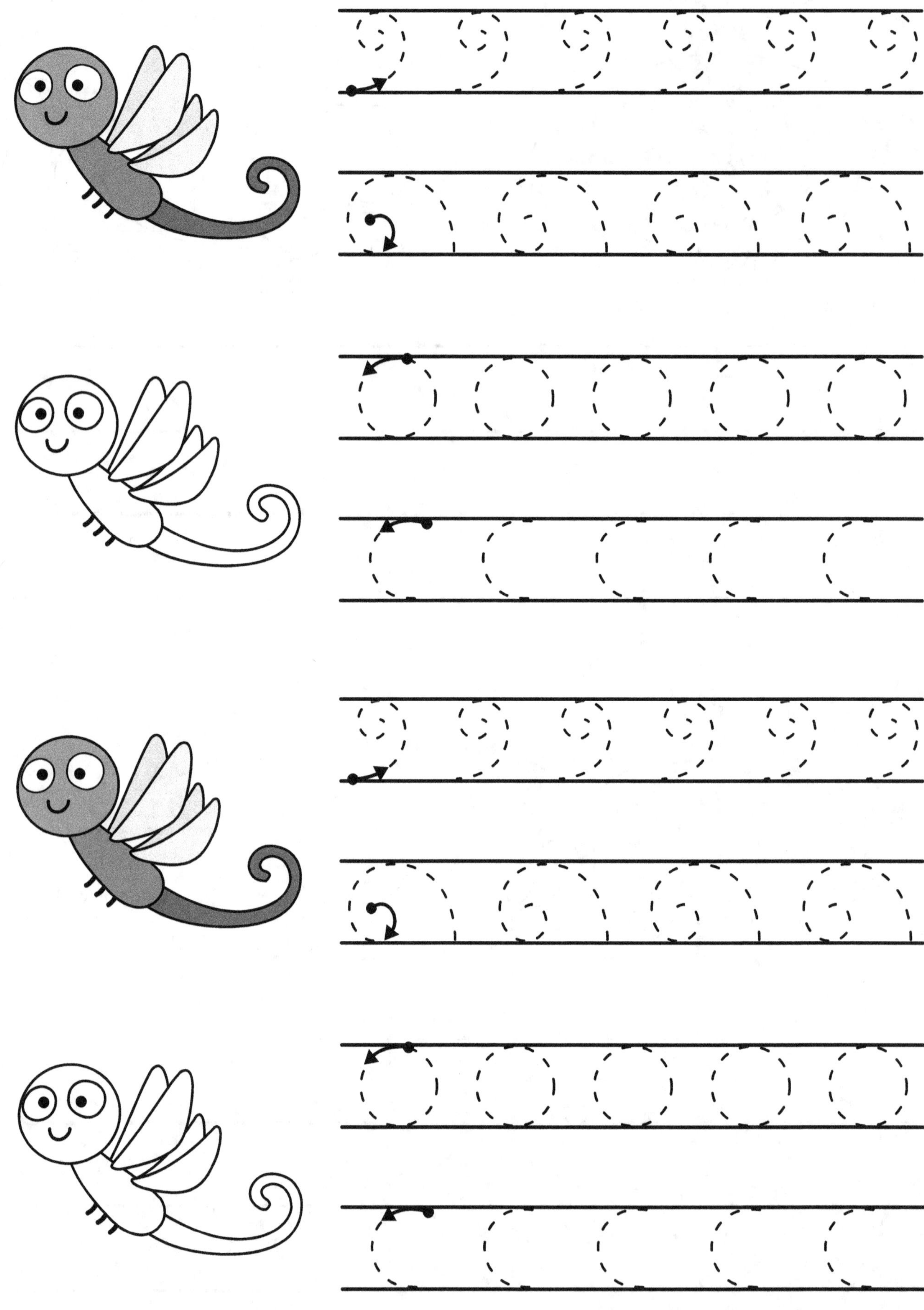

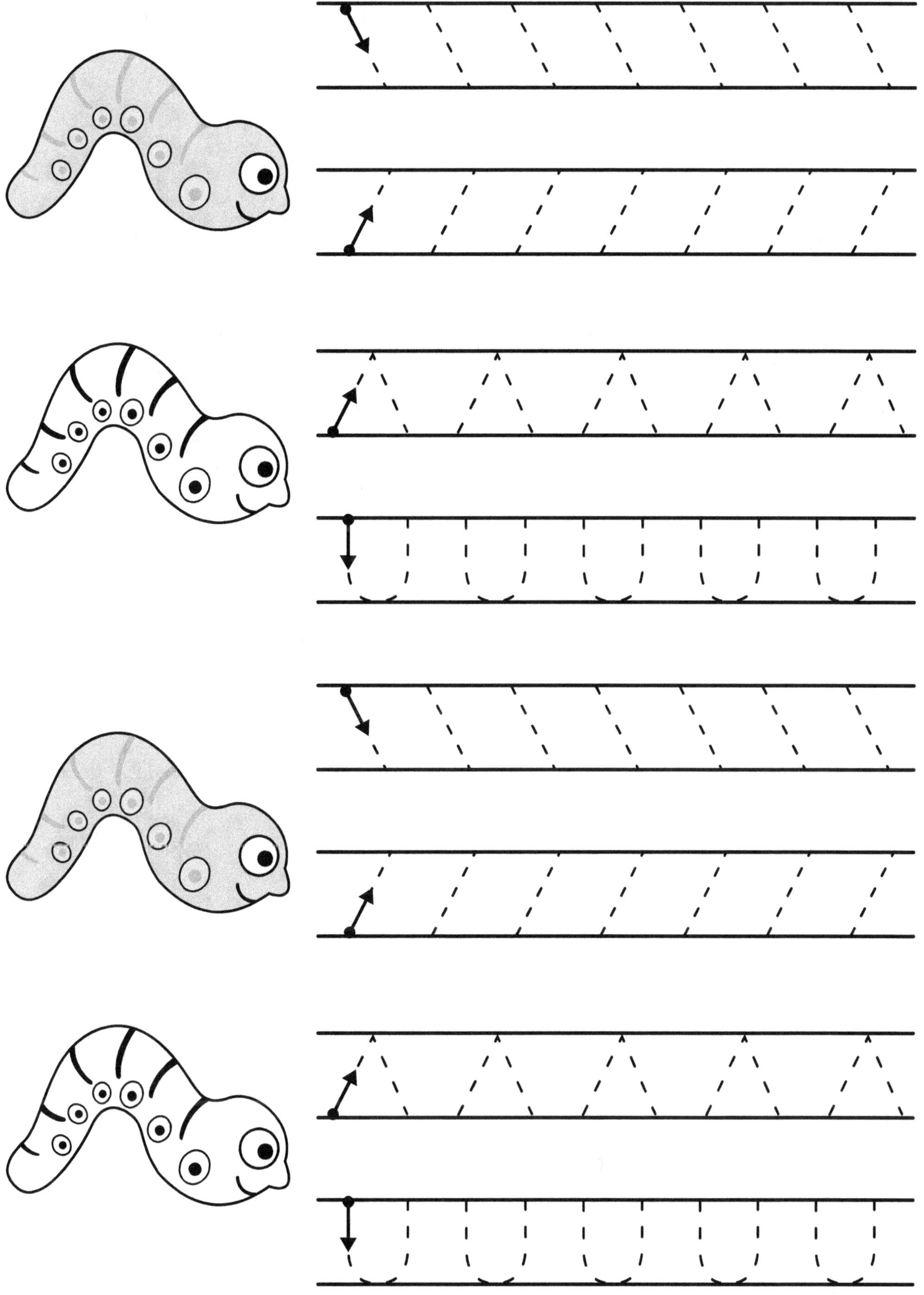

Das große A

wie Alligator

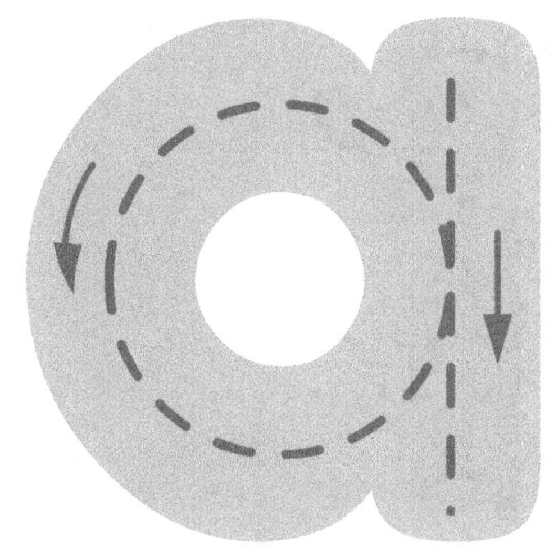

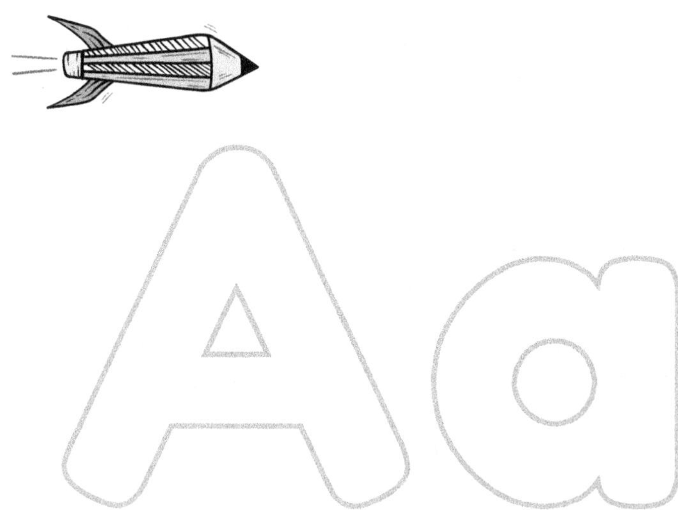

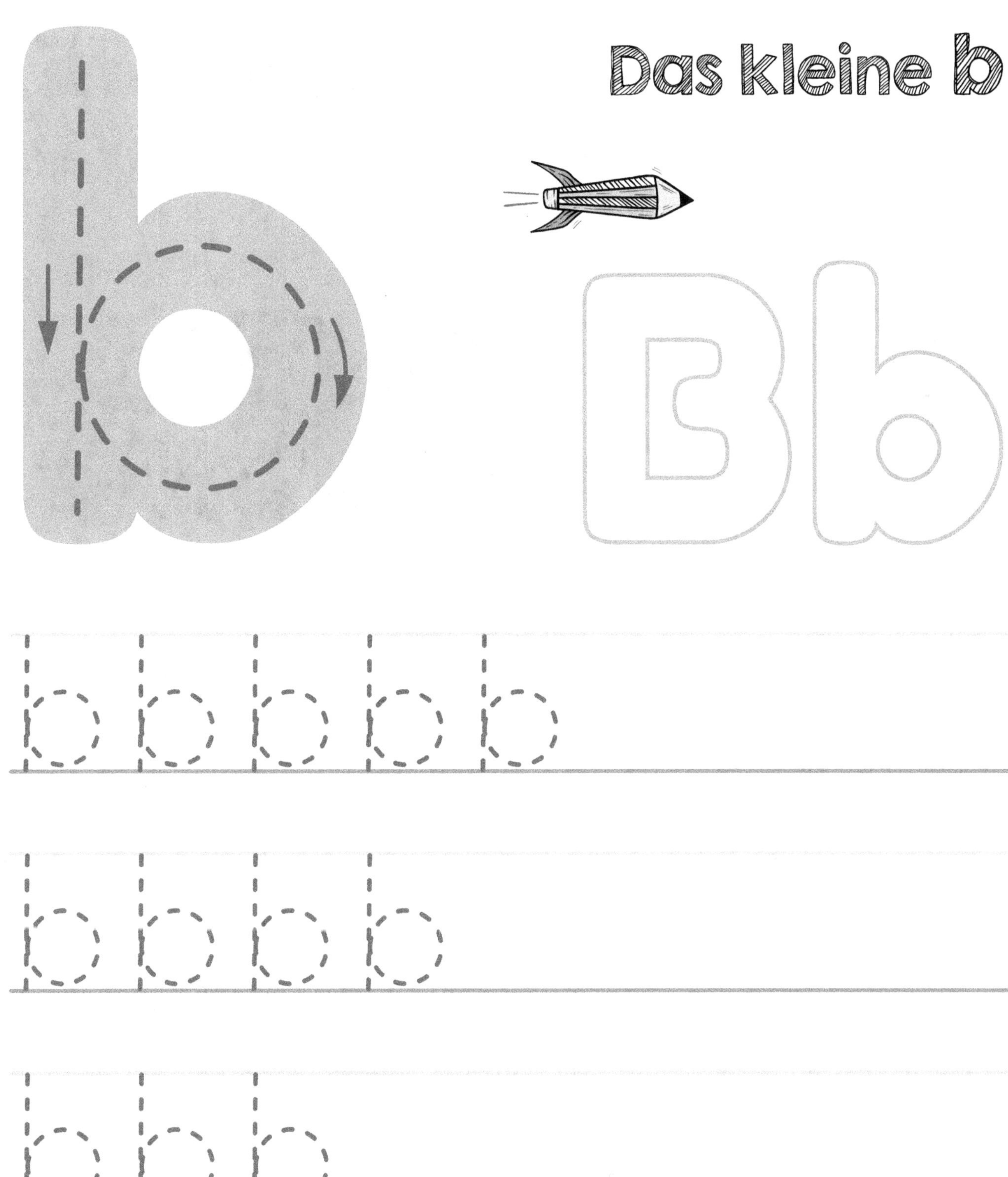

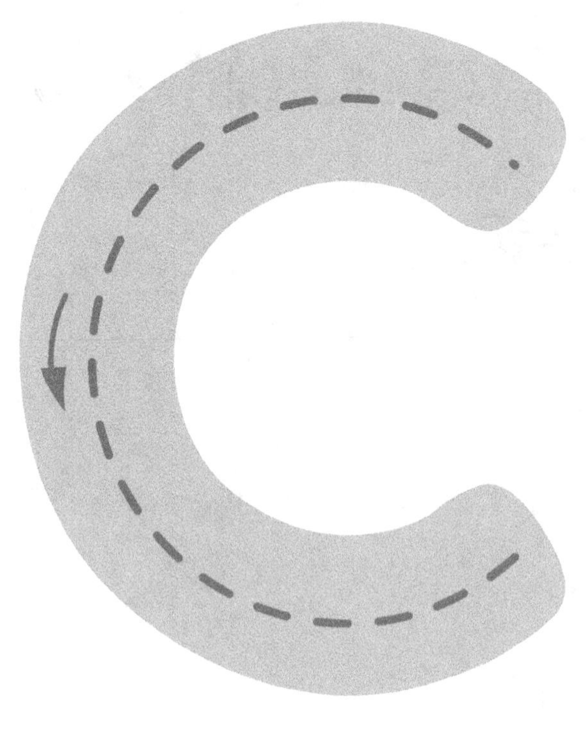

wie Chamäleon

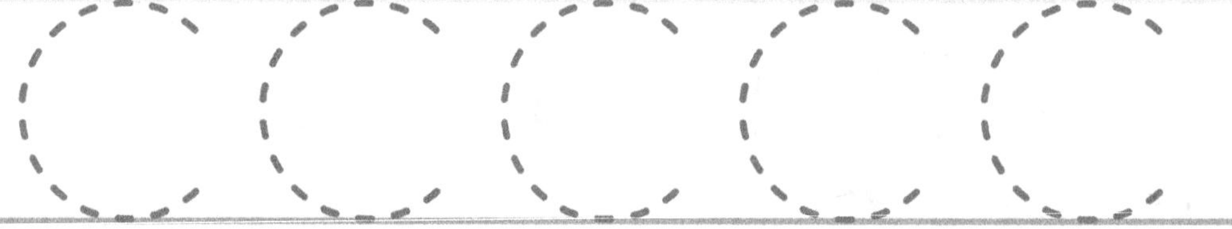

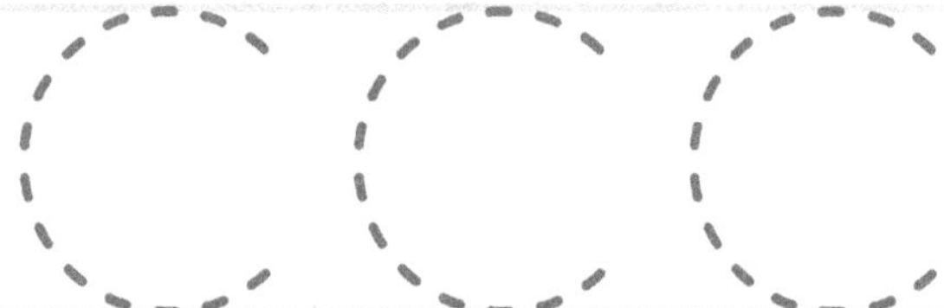

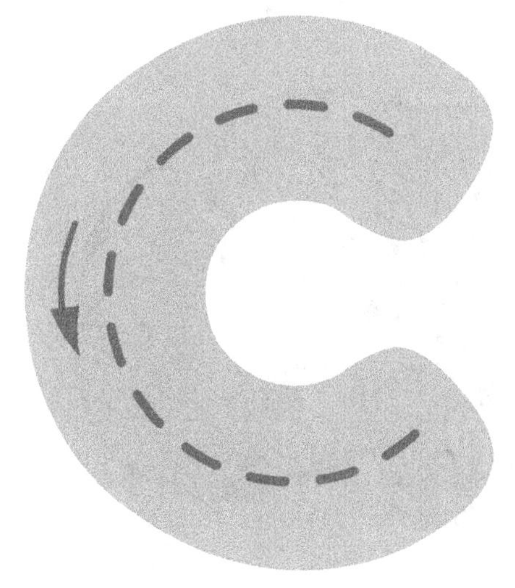

wie Dachs

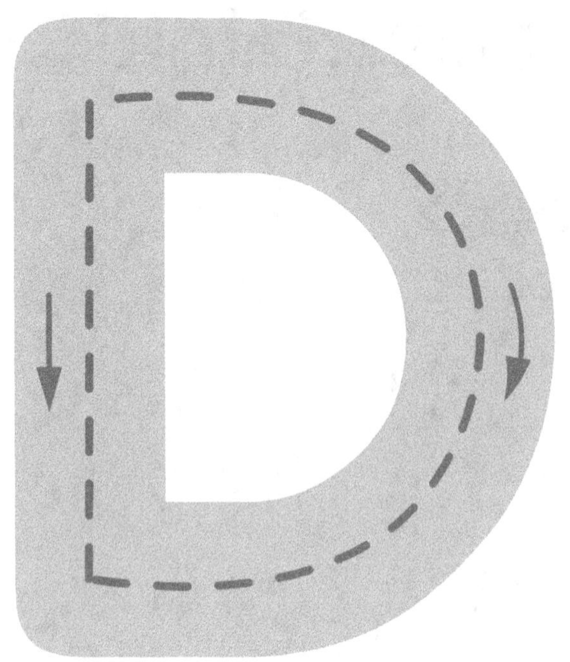

Das große E

wie Elefant

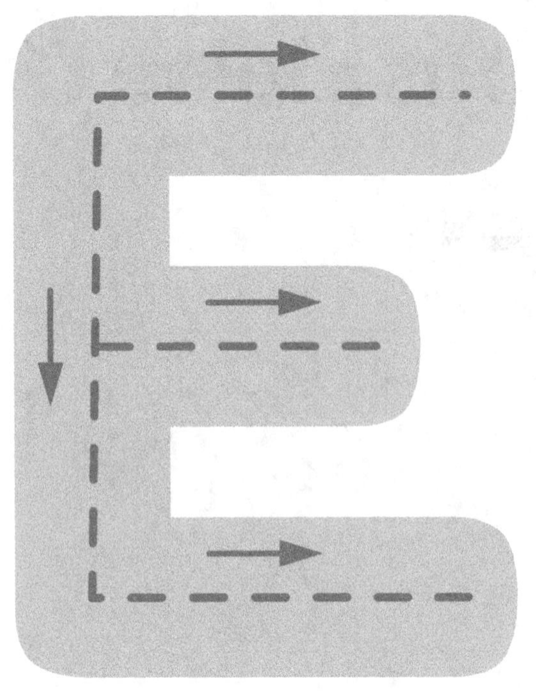

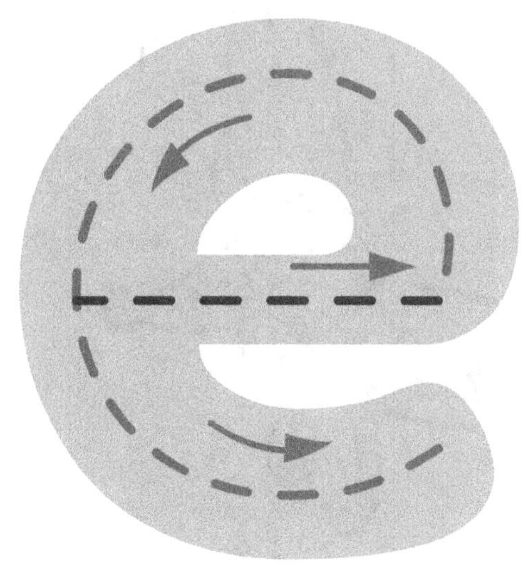

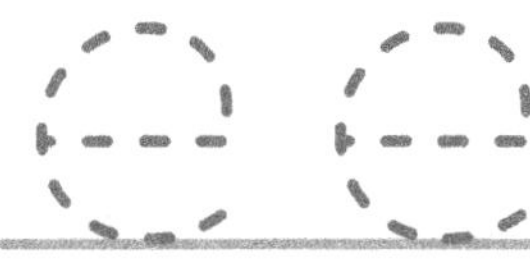

wie Fuchs

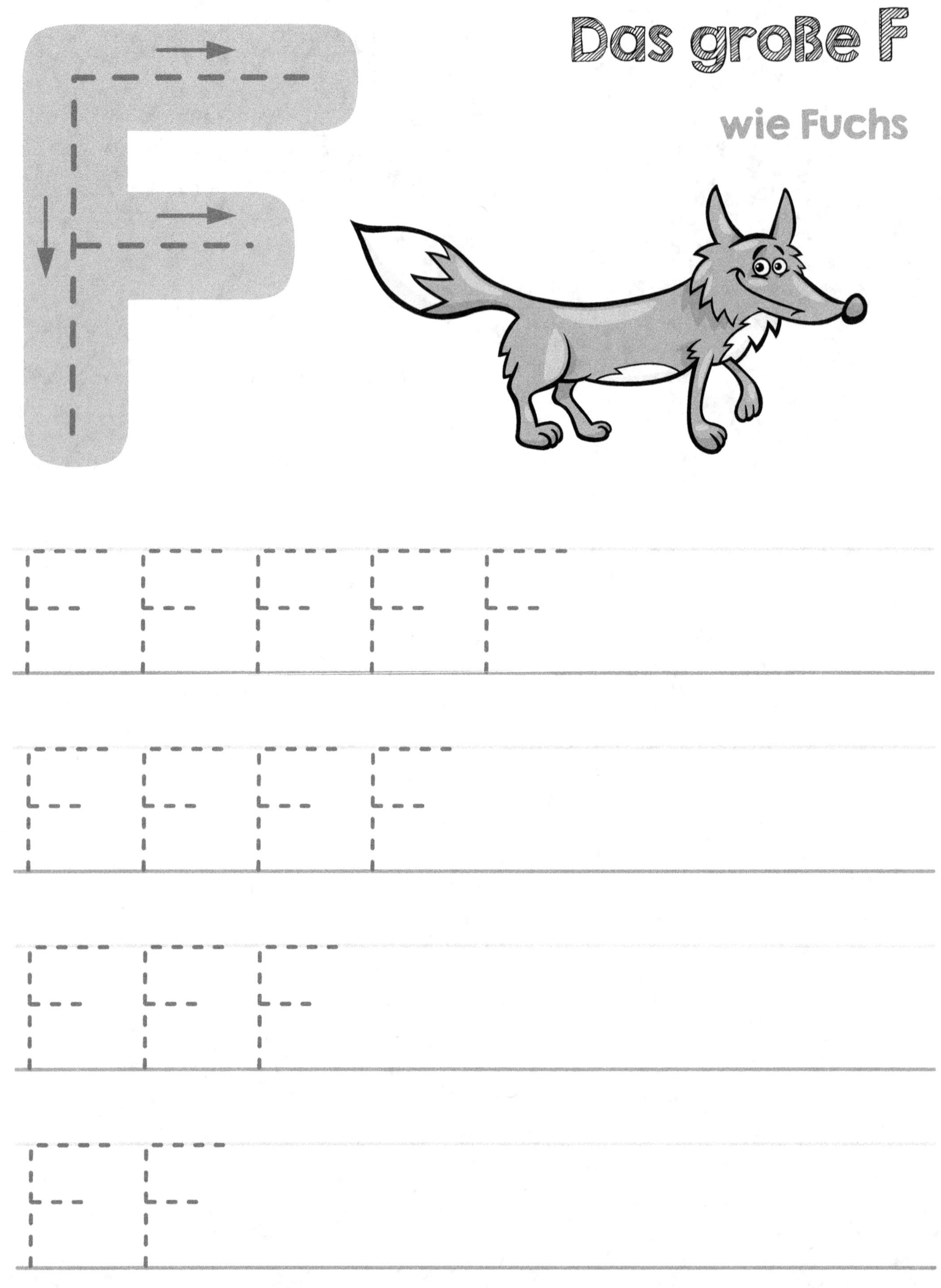

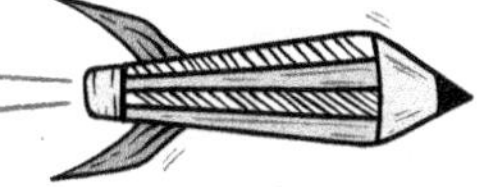

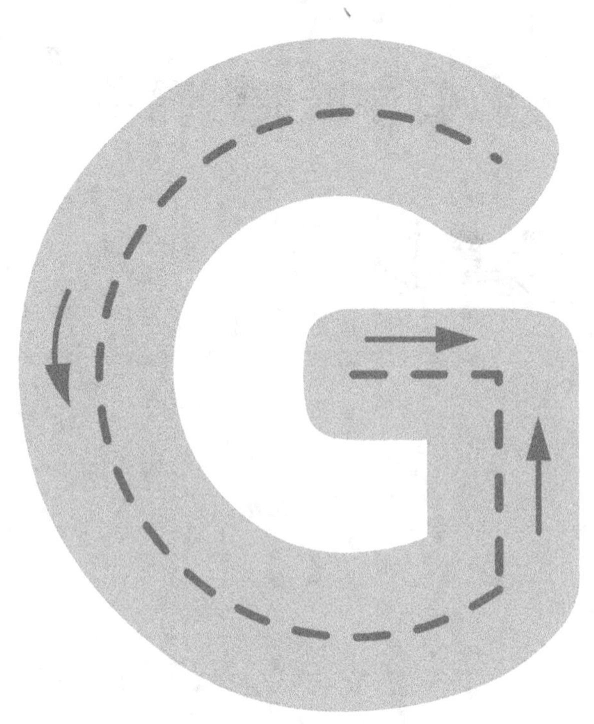

wie Gorilla

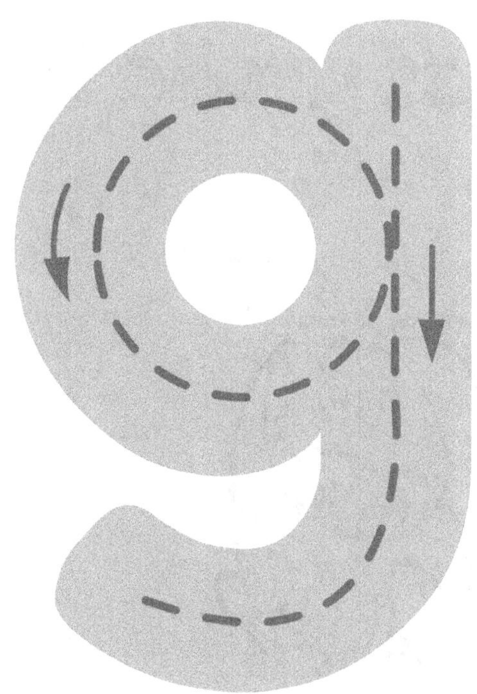

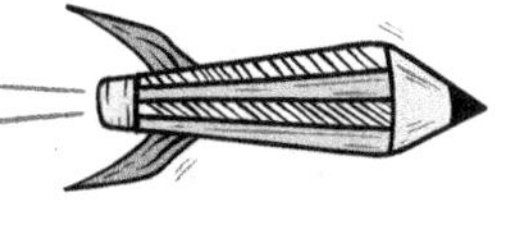

wie Hund

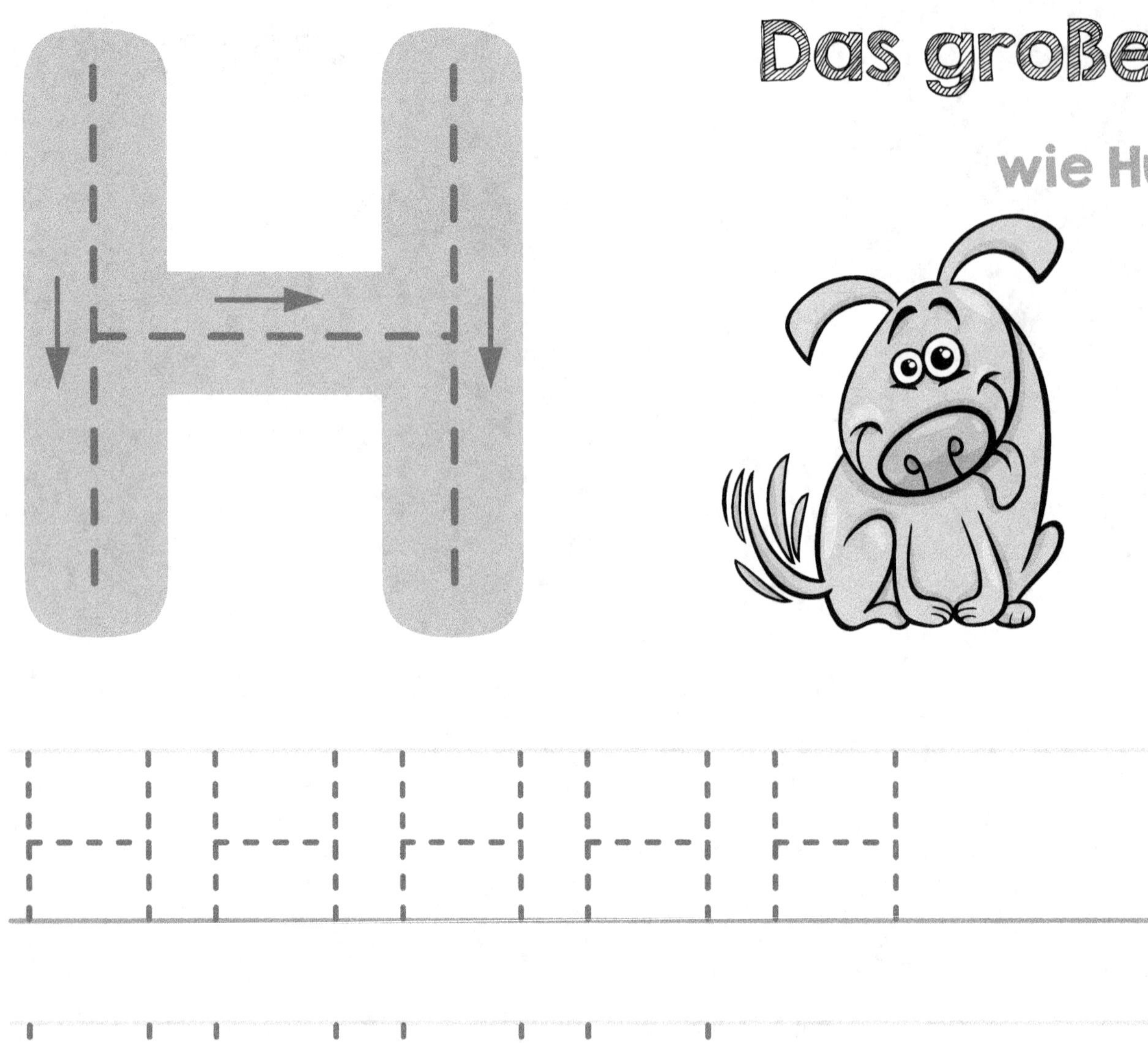

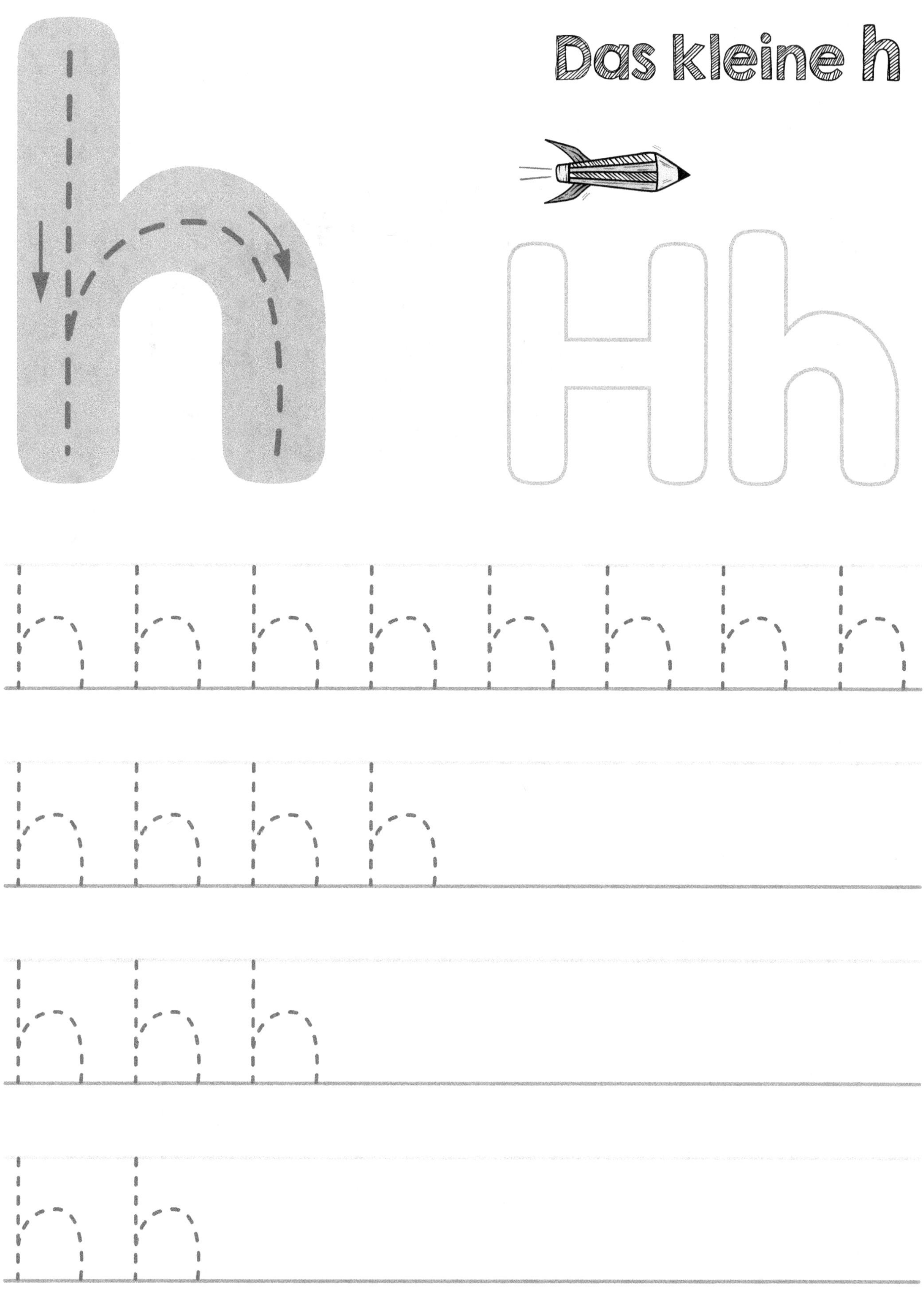

Das große I

wie Igel

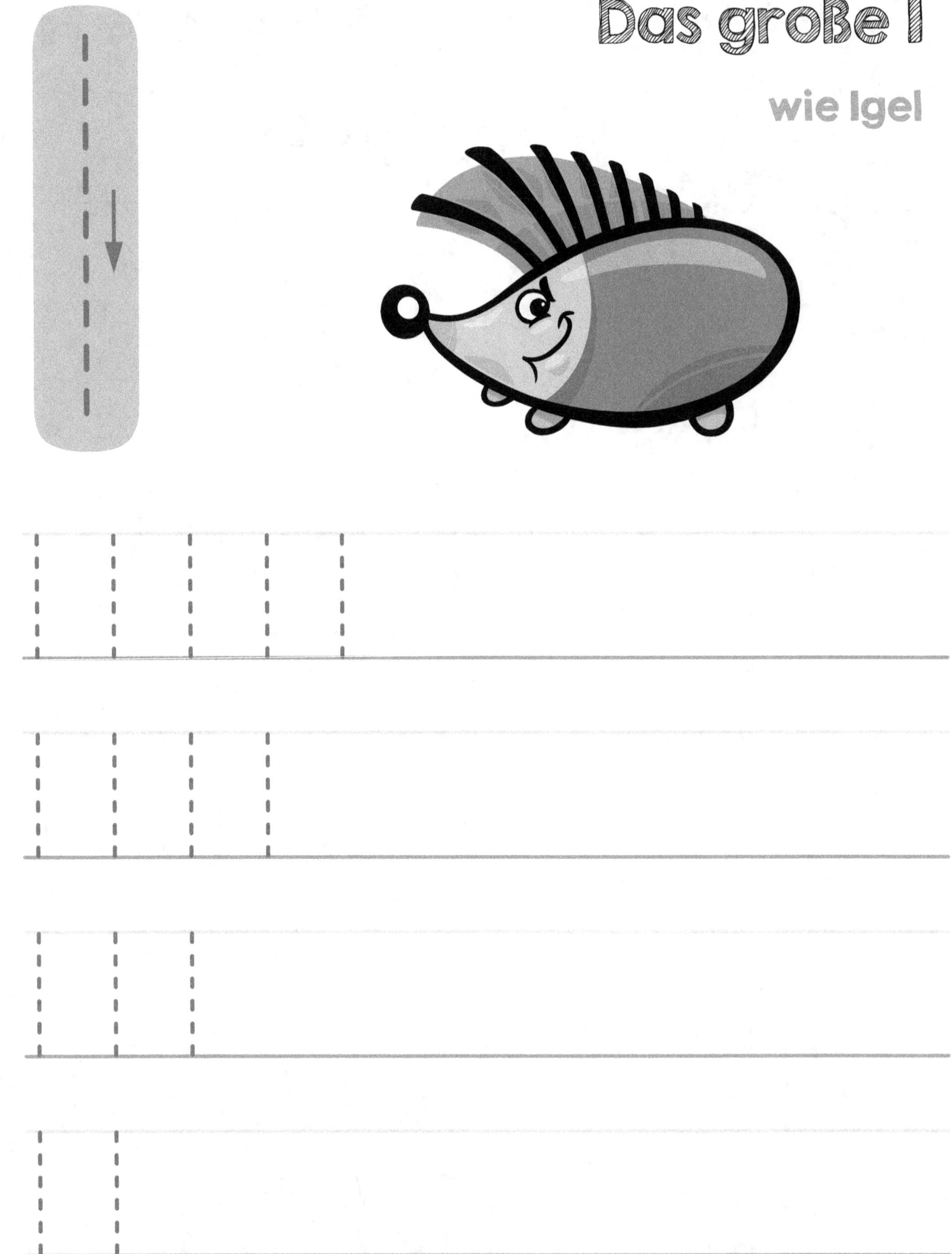

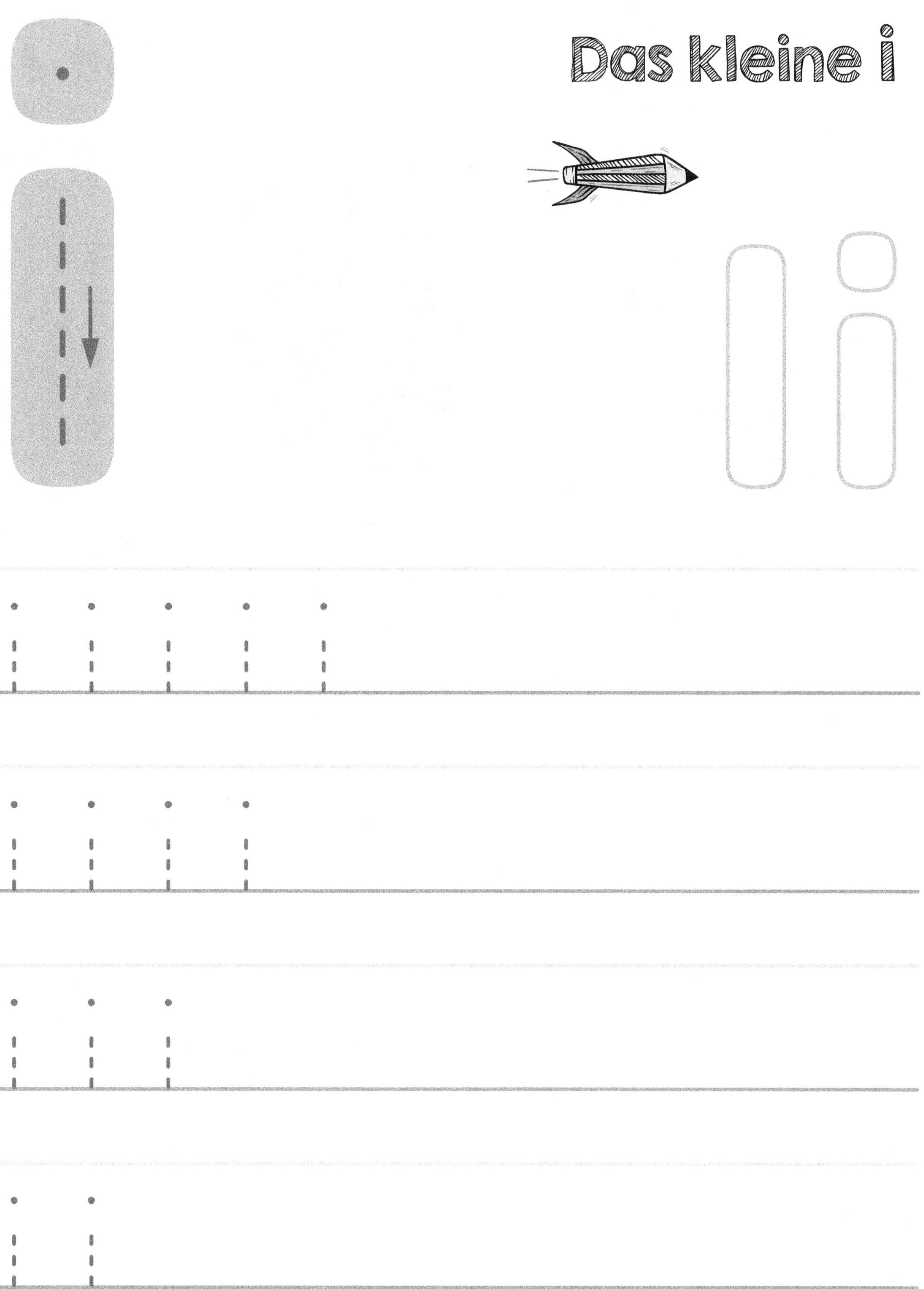

wie Jaguar

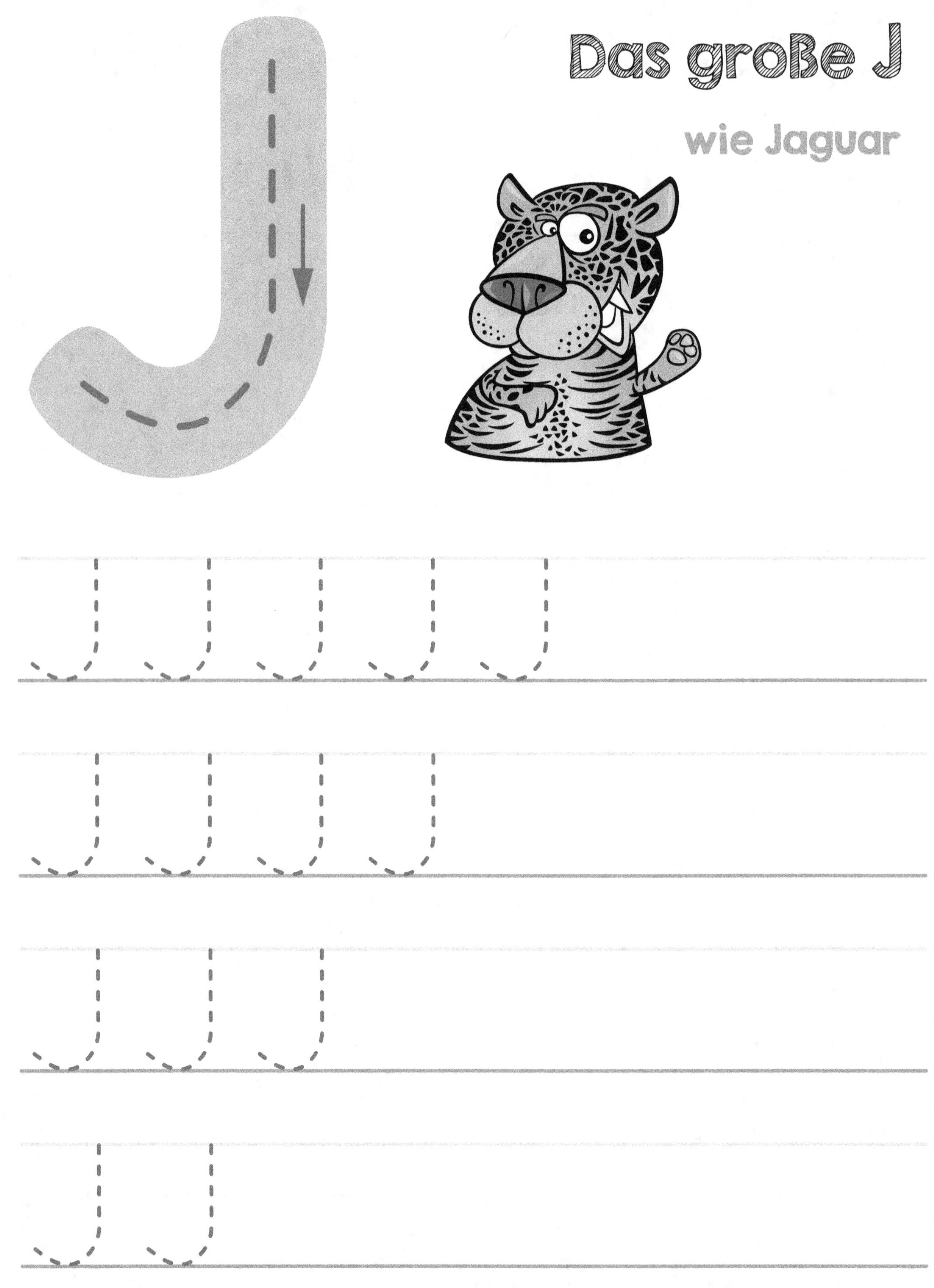

Das kleine j

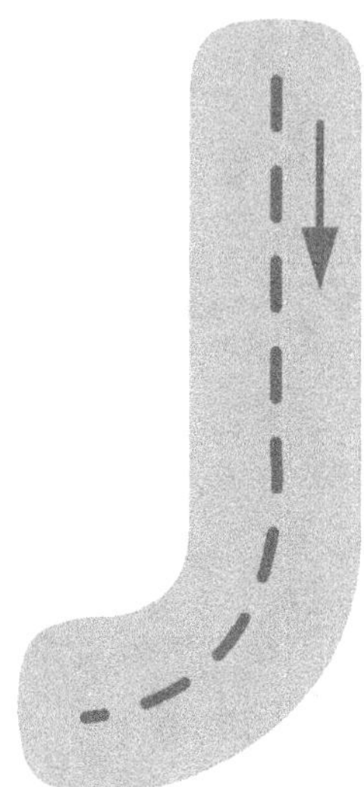

Das große K
wie Känguru

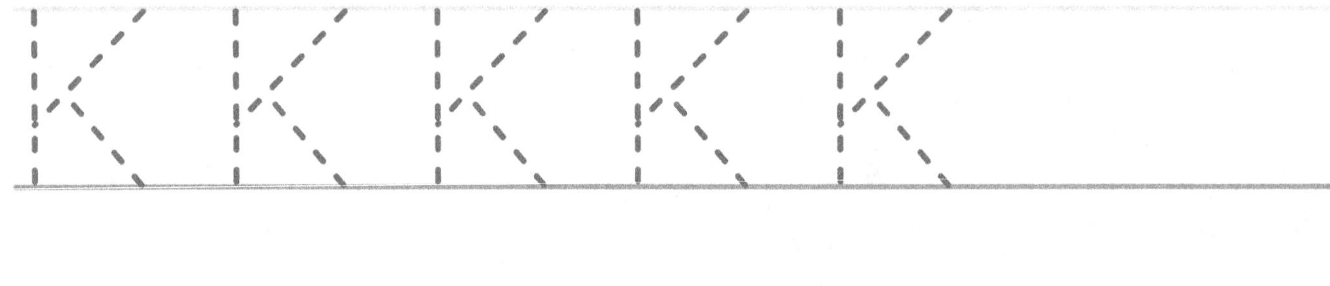

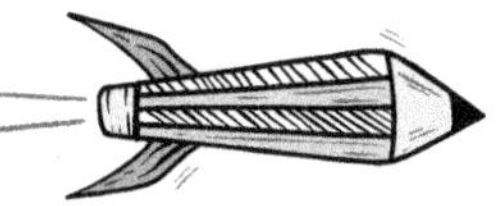

Das große L
wie Löwe

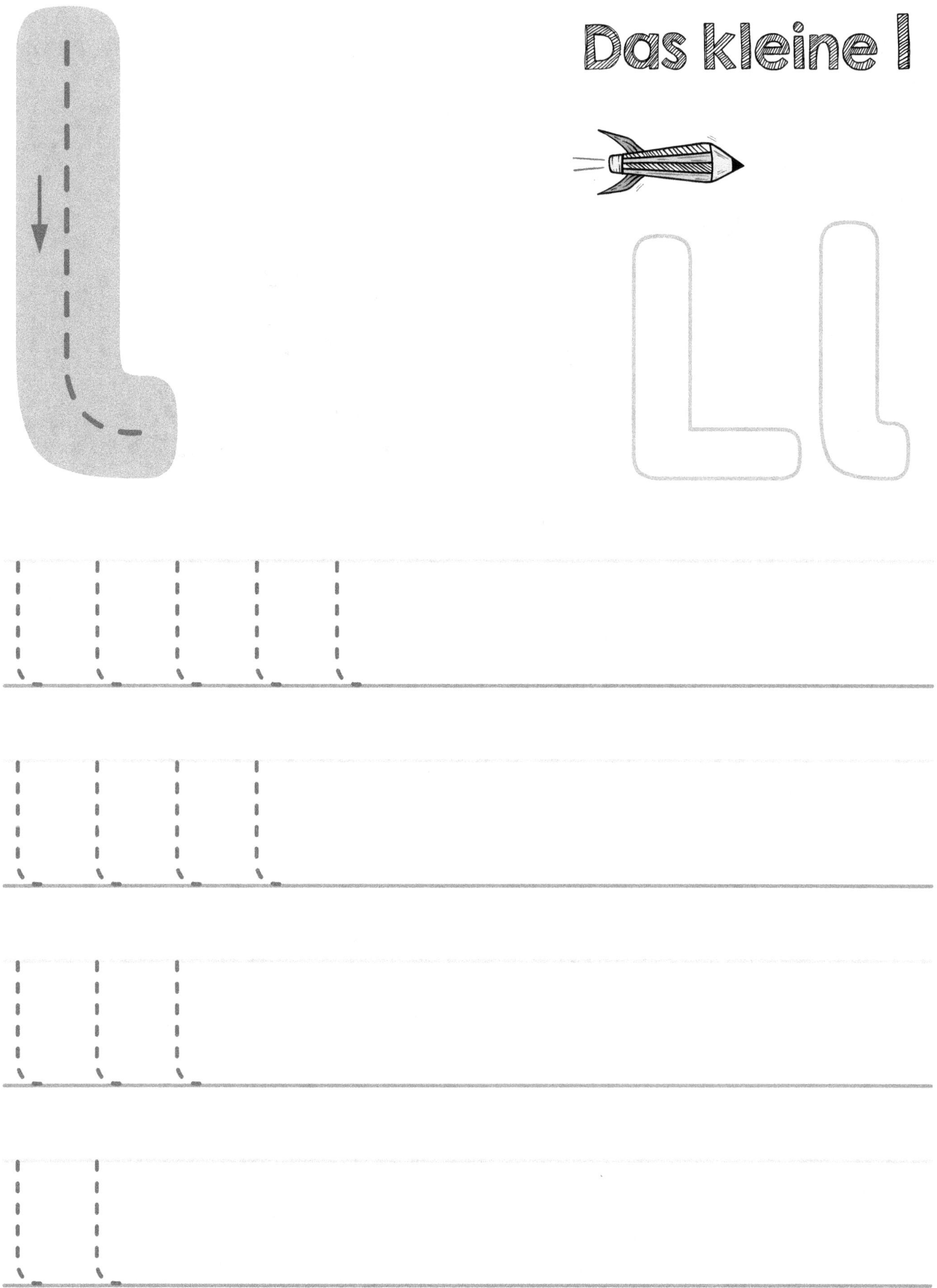
Das kleine l

Das große M

wie Maus

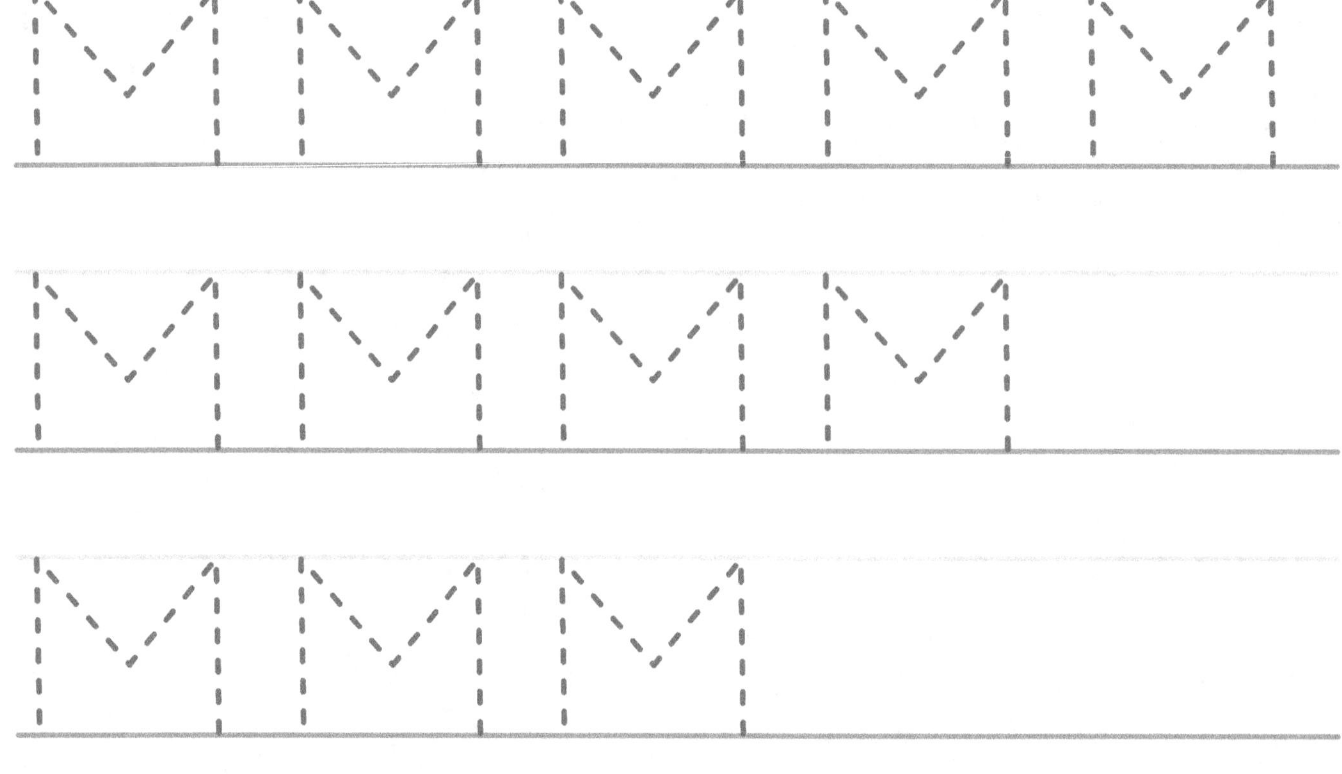

Das kleine m

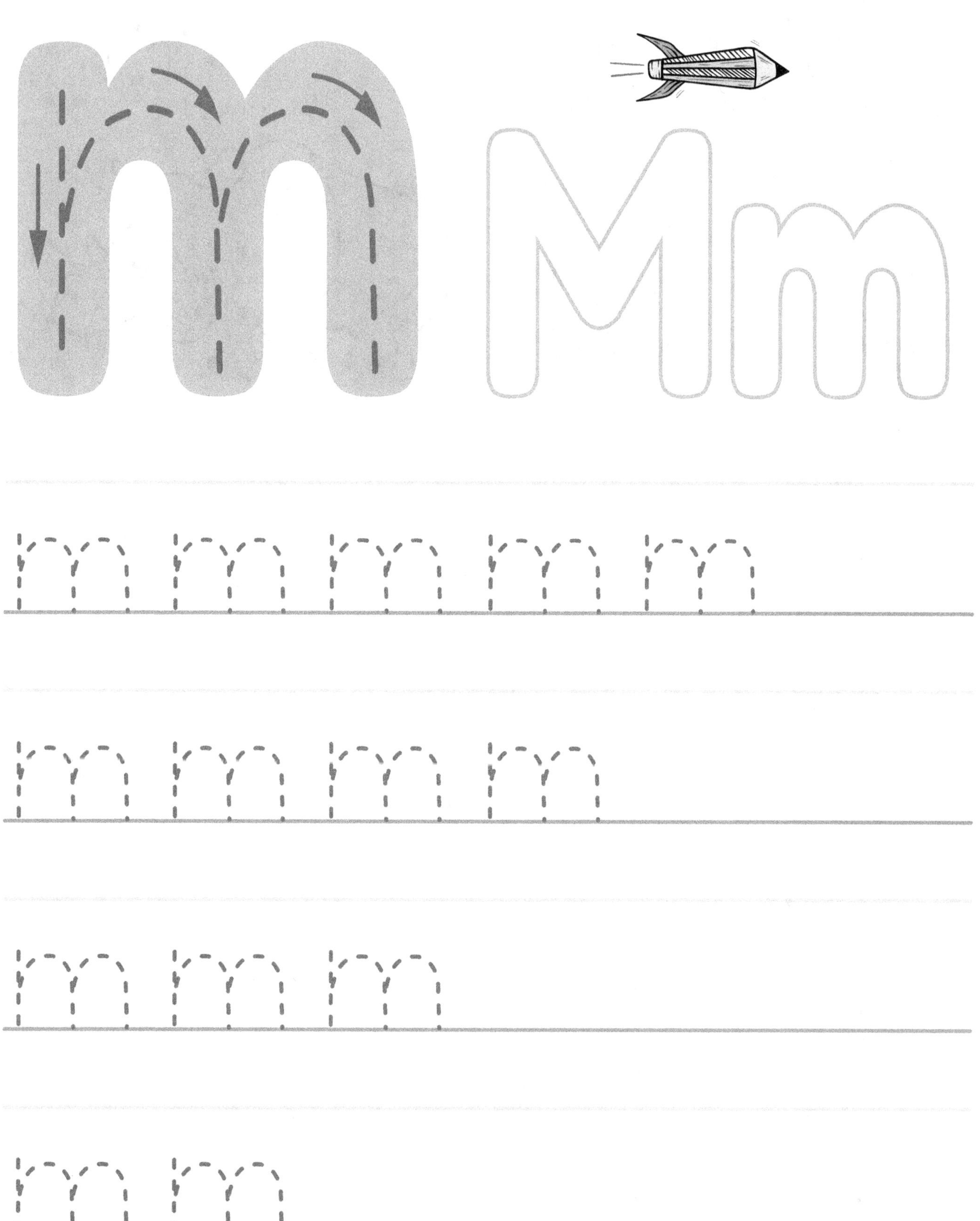

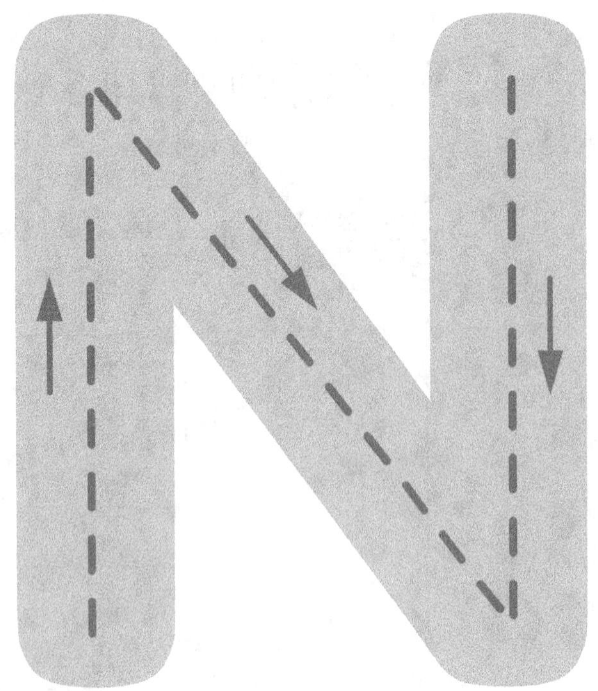

wie Nashorn

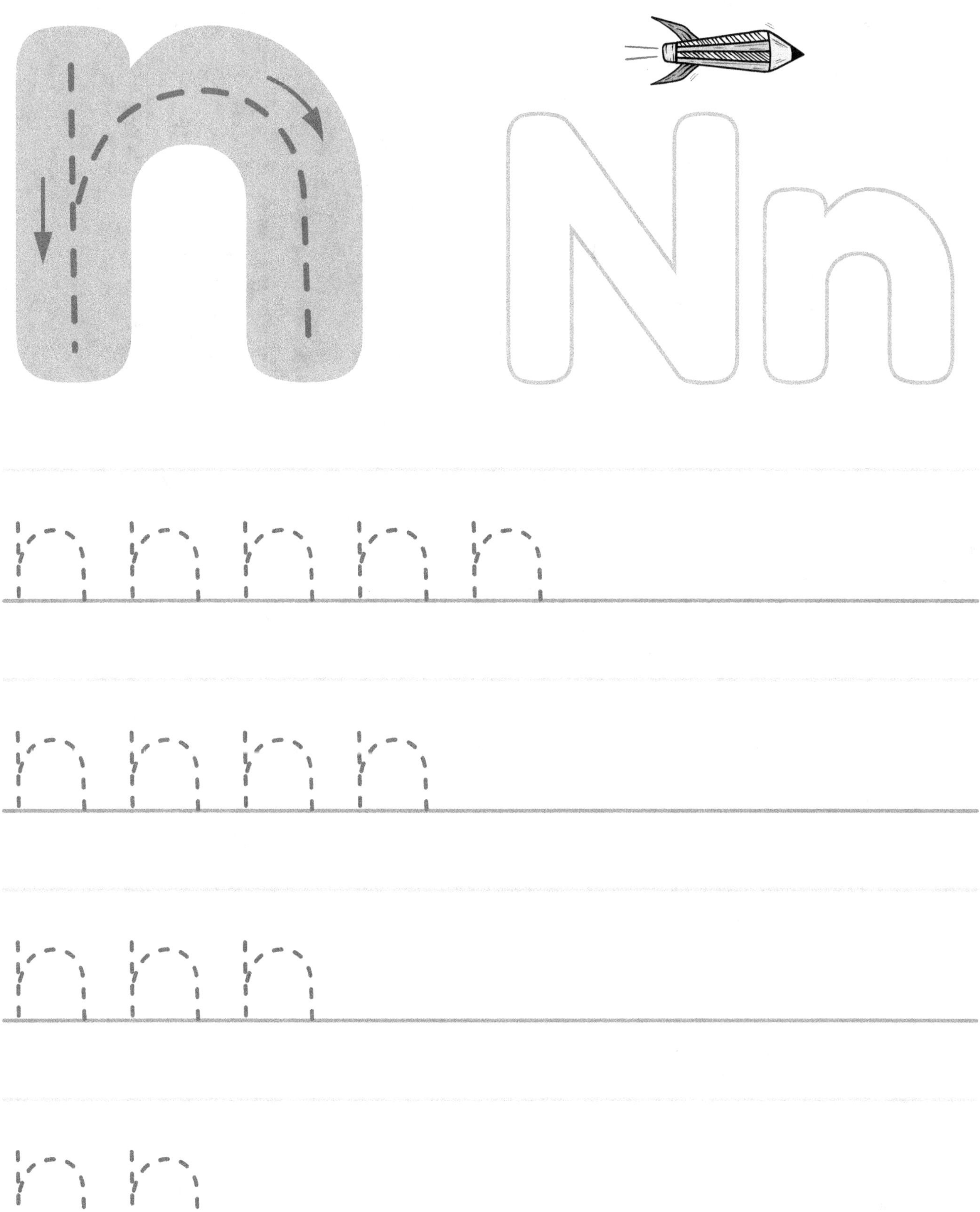

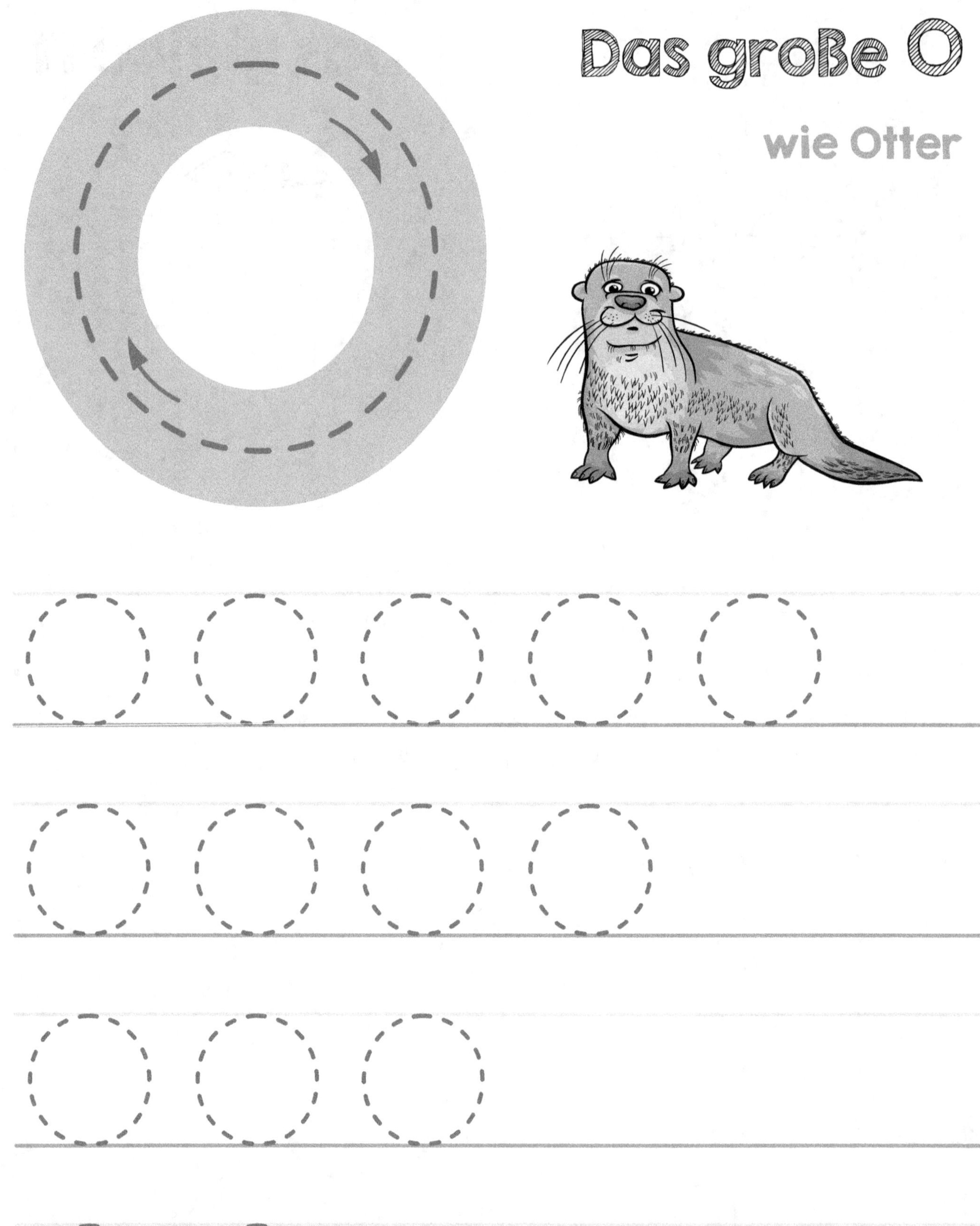

Das große O

wie Otter

Das kleine O

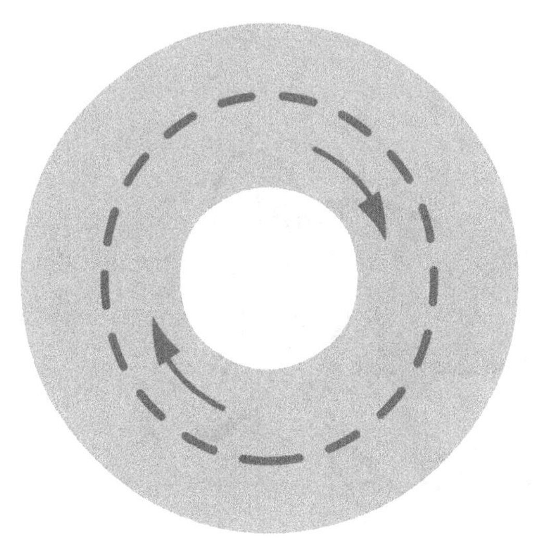

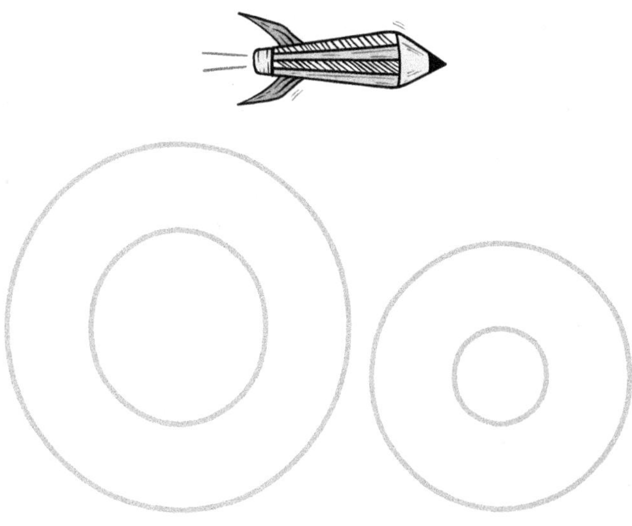

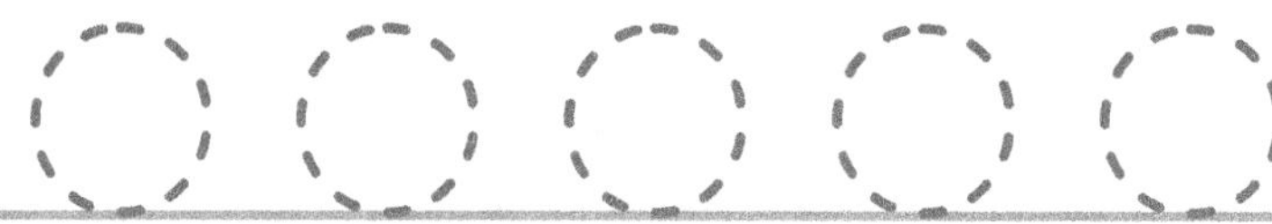

wie Pferd

Das kleine p

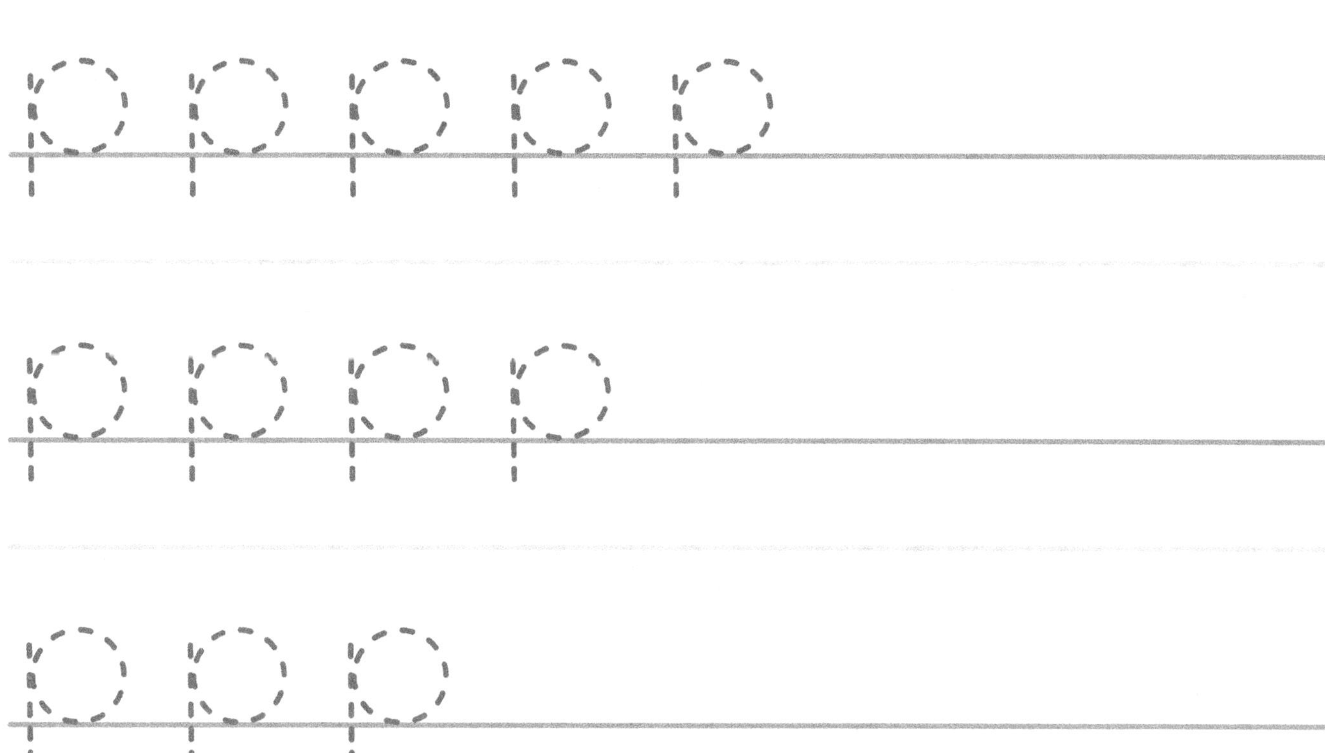

Das große Q

wie Qualle

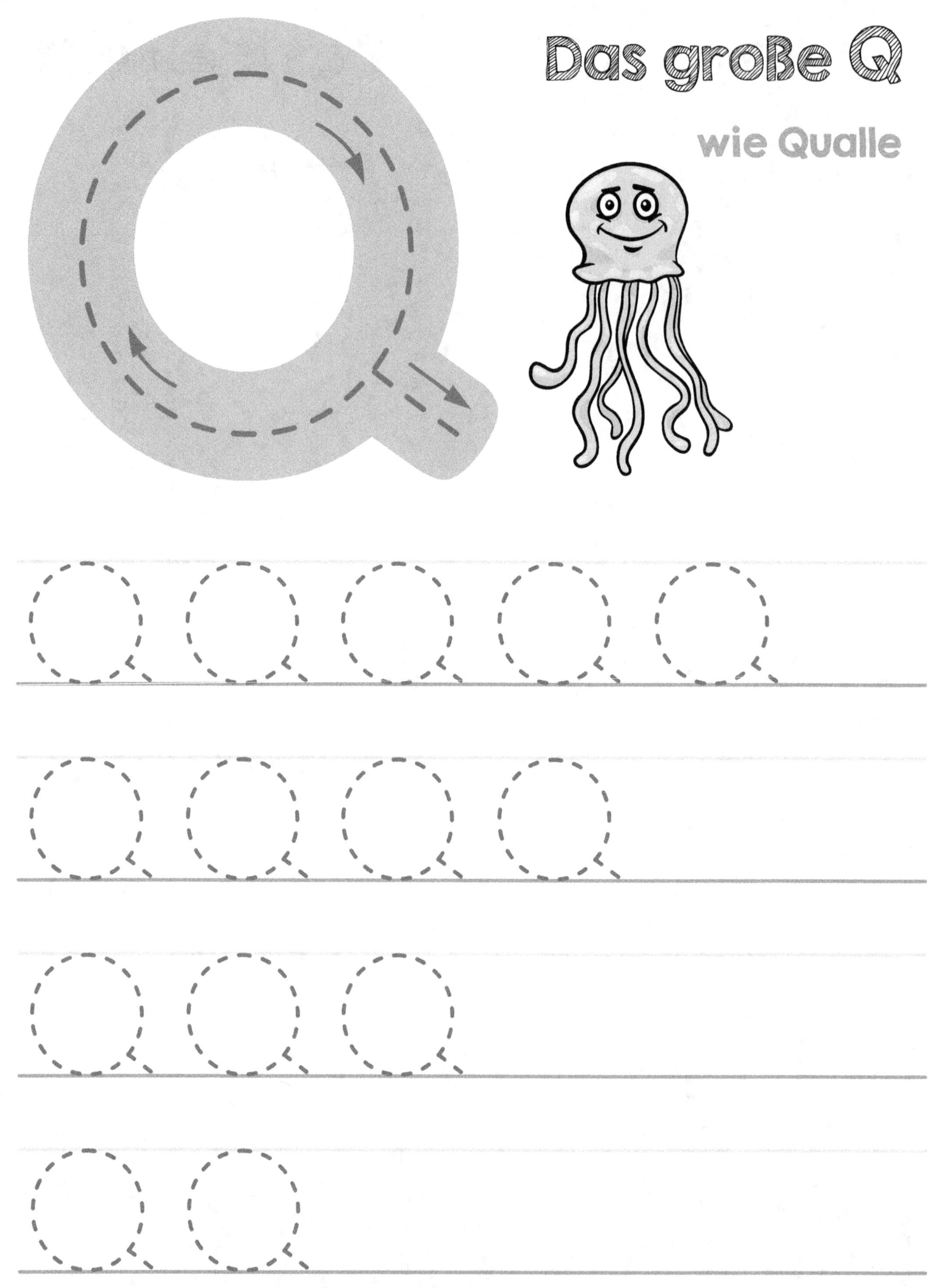

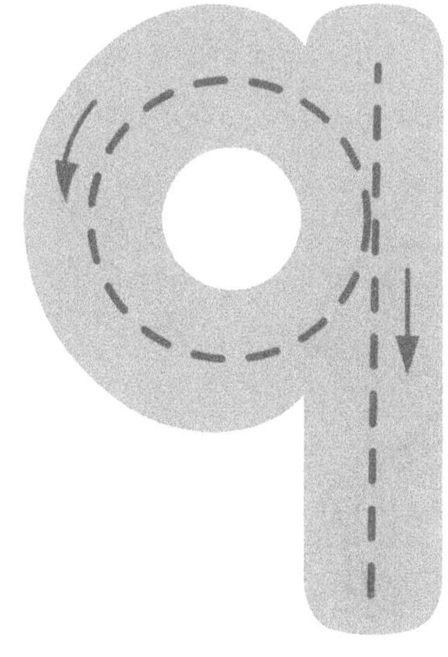

Das große R

wie Reh

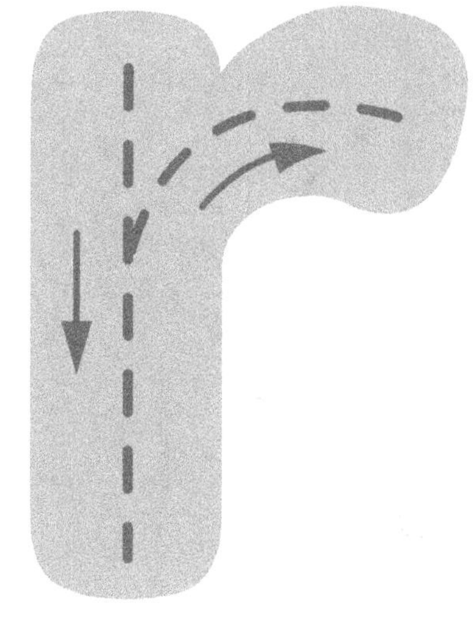

wie Schwein

S S S S S

S S S S

S S S

S S

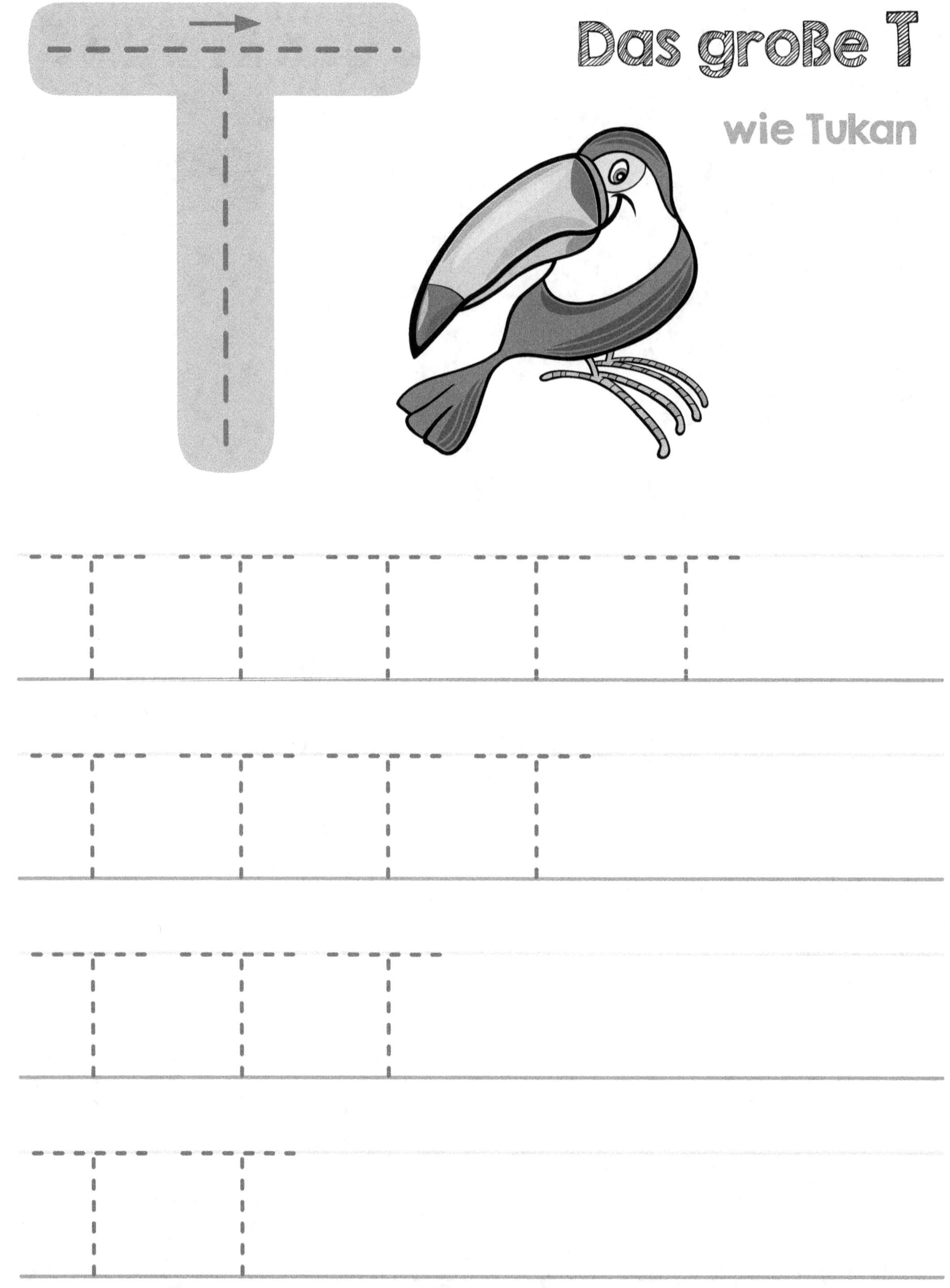

T
Das große T
wie Tukan

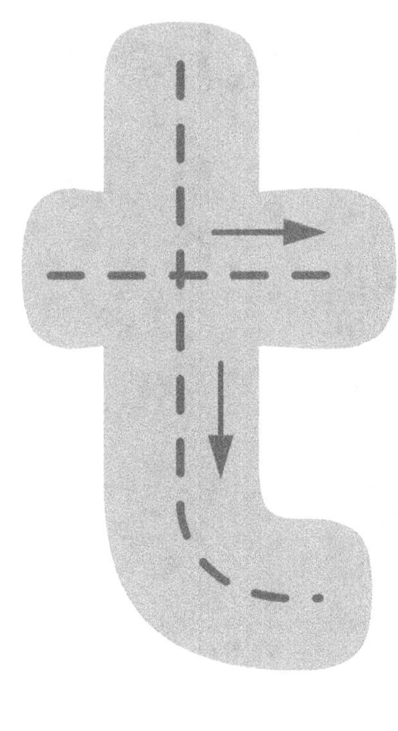

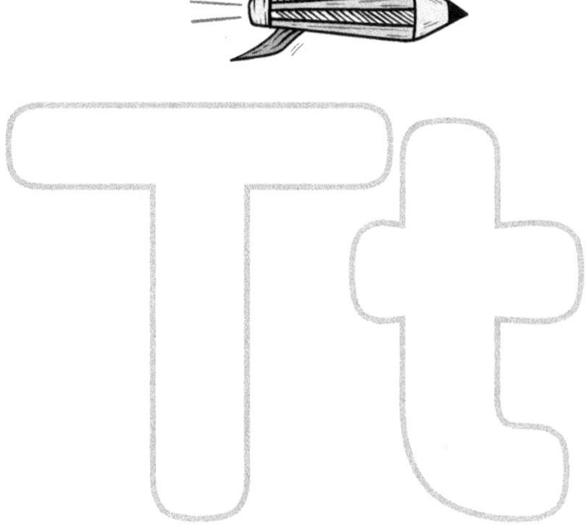

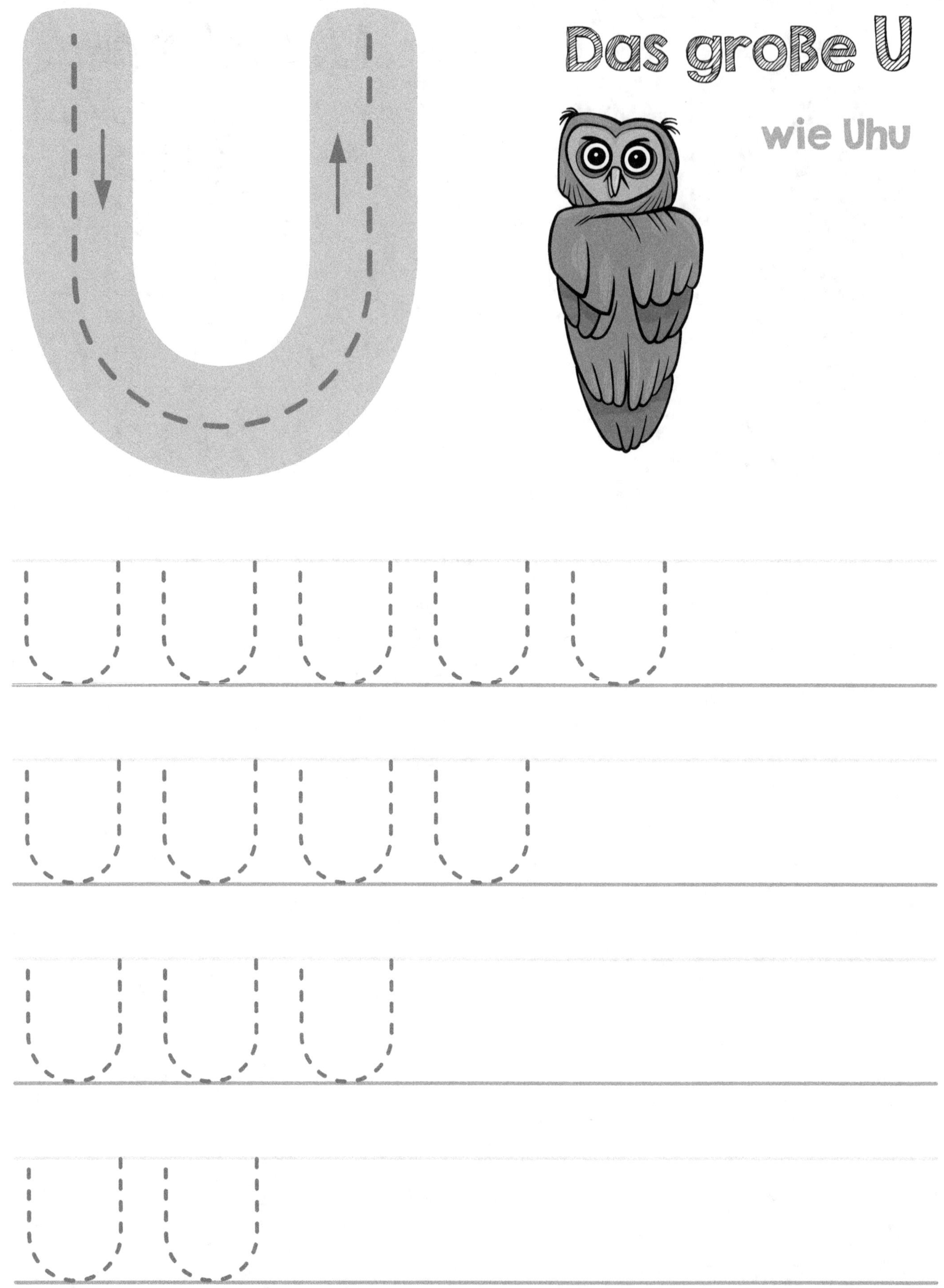
Das große U
wie Uhu

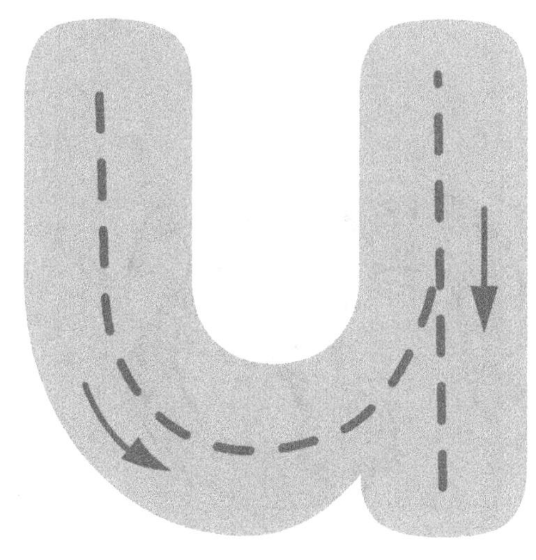

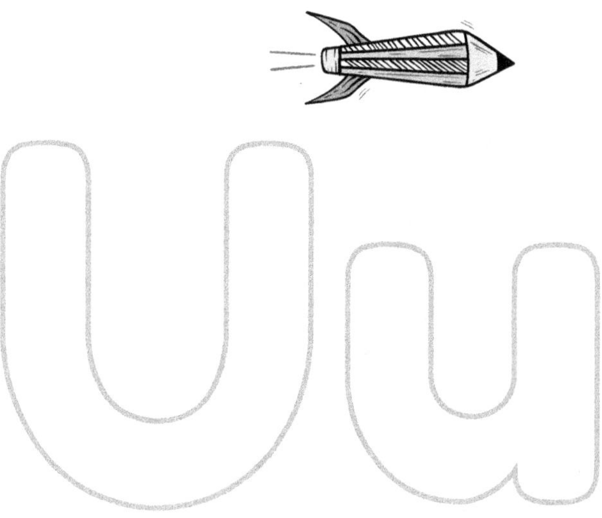

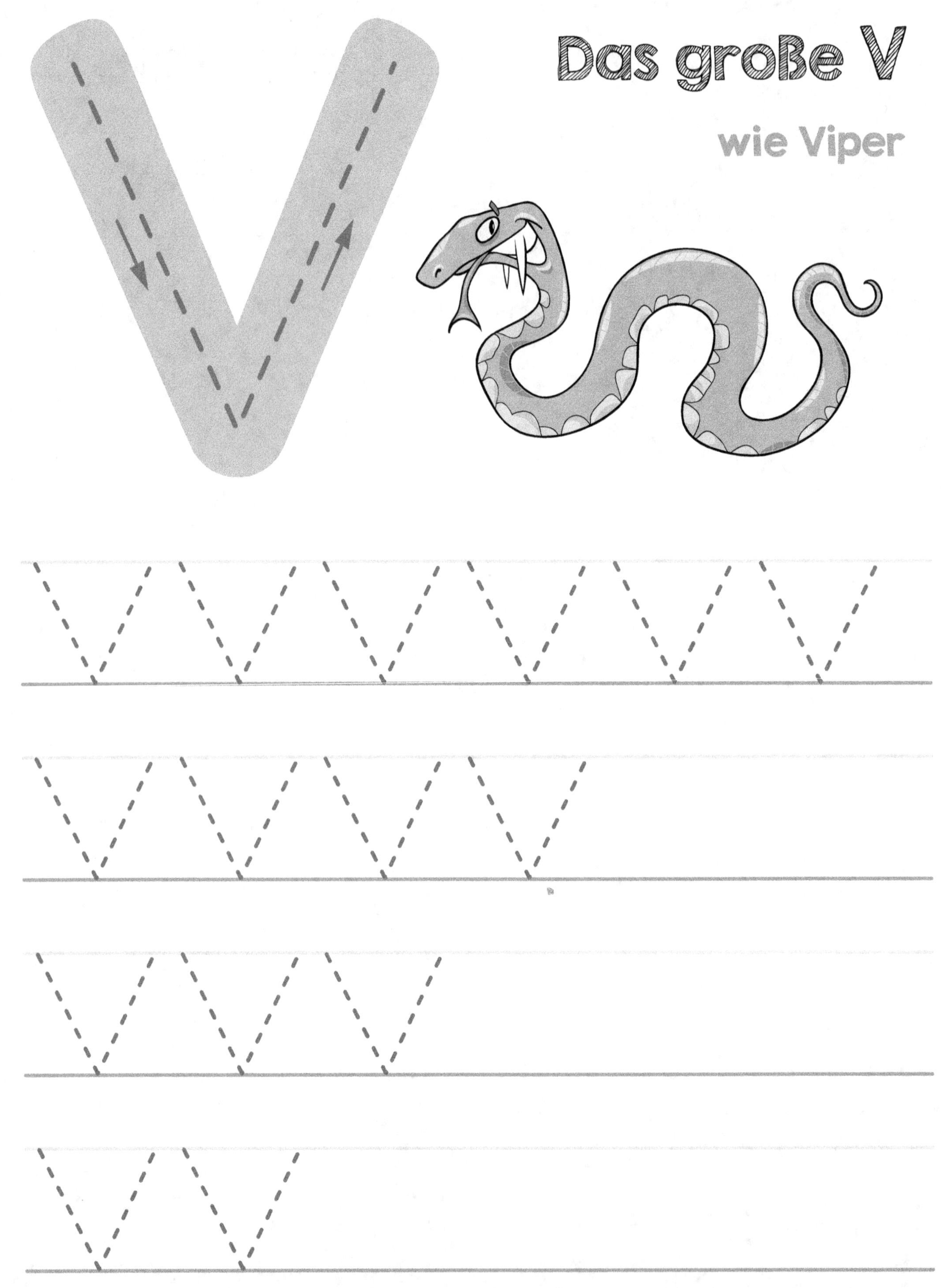

Das große V
wie Viper

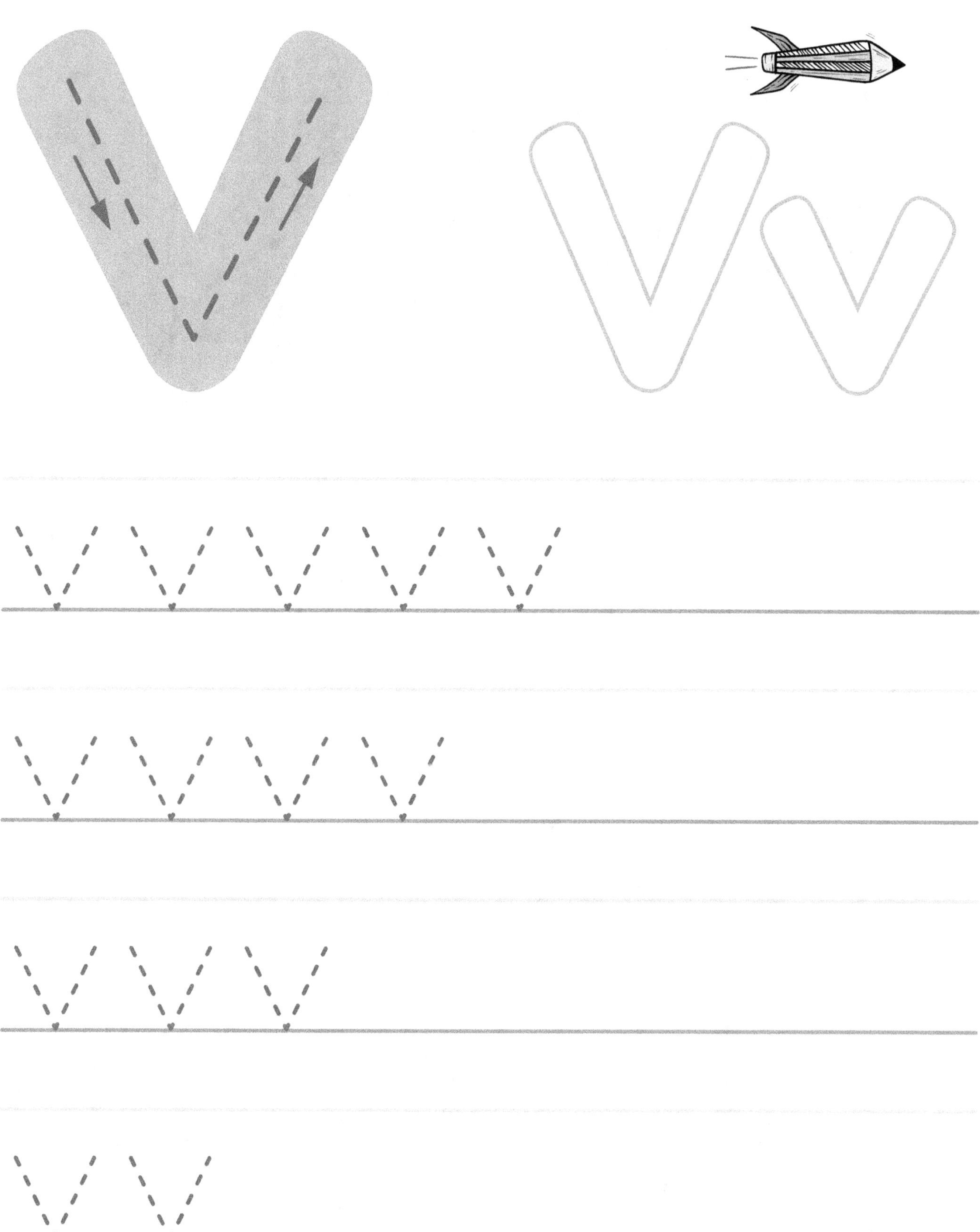

Das große W
wie Walross

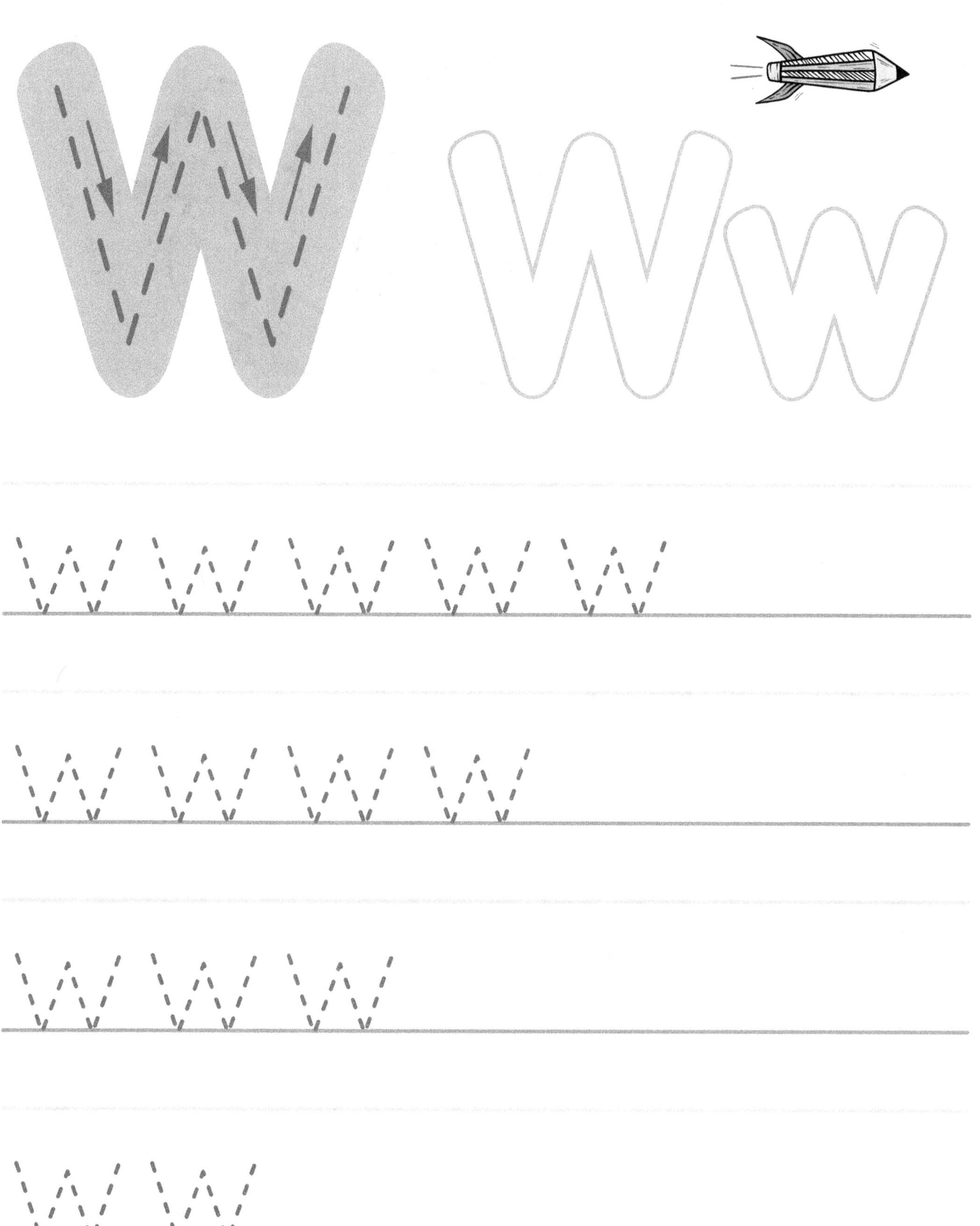

Das große X

wie Xerus

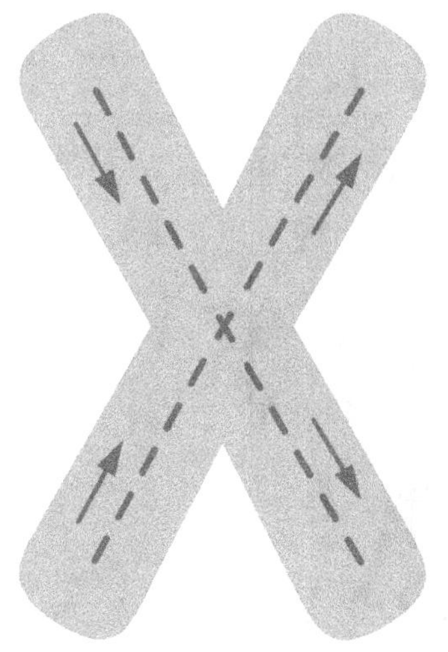

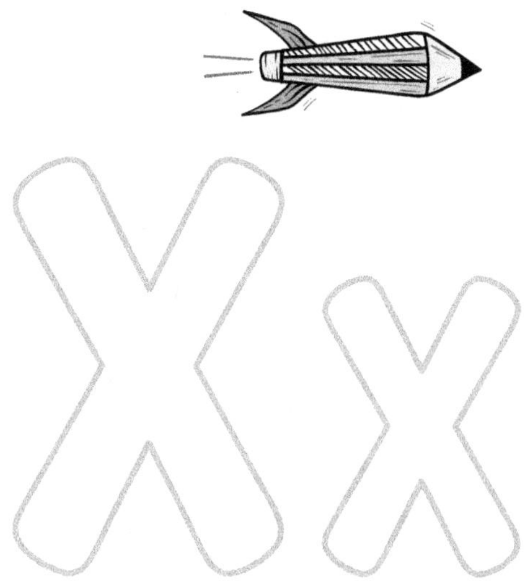

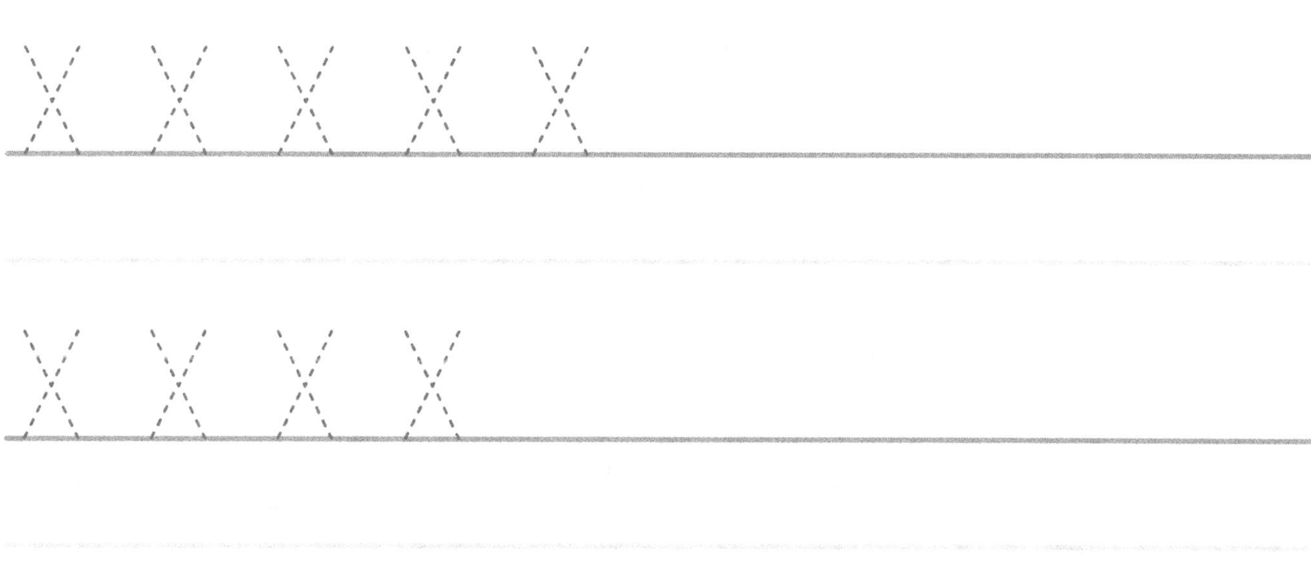

Das große Y

wie Yak

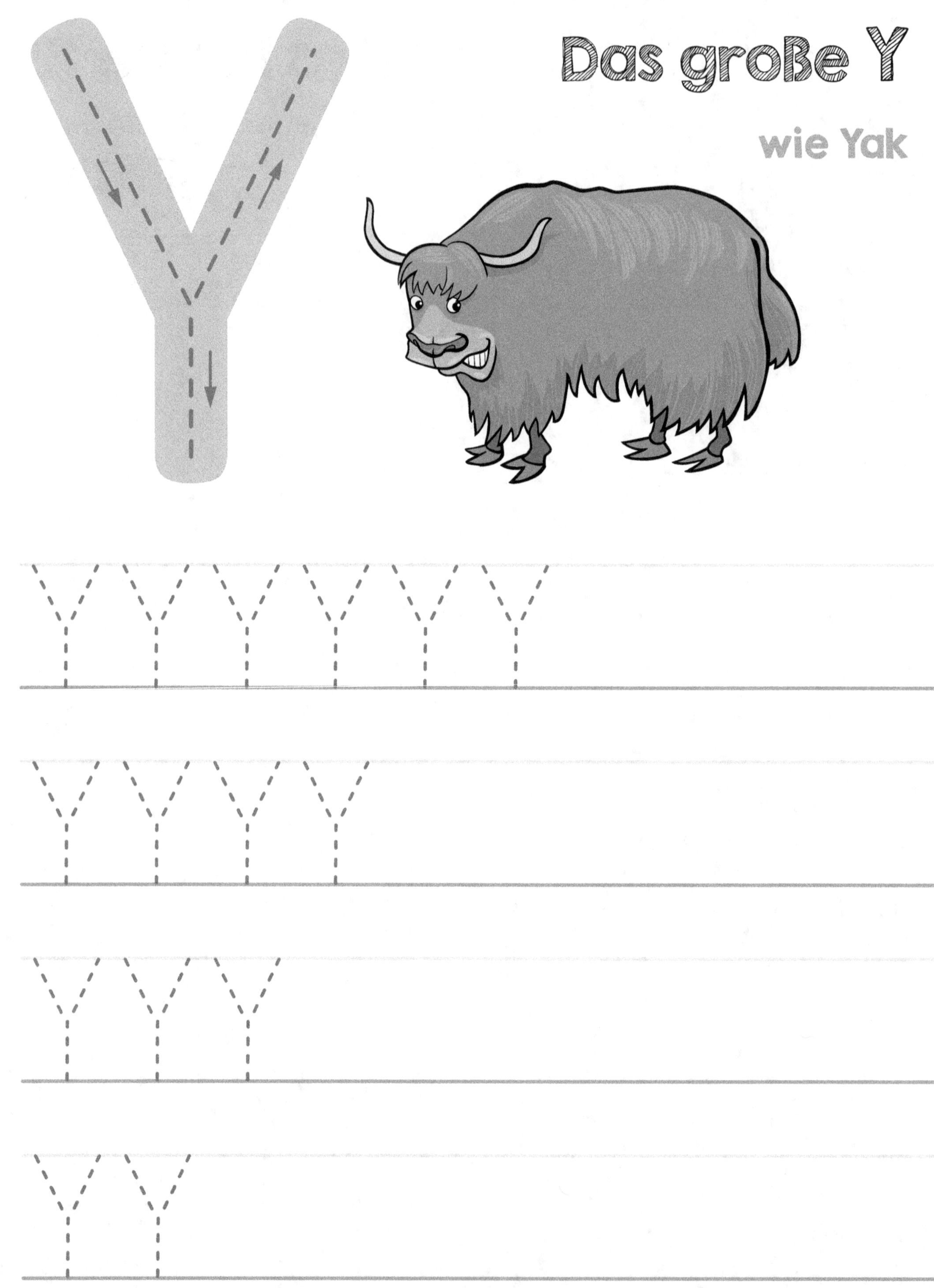

Das kleine y

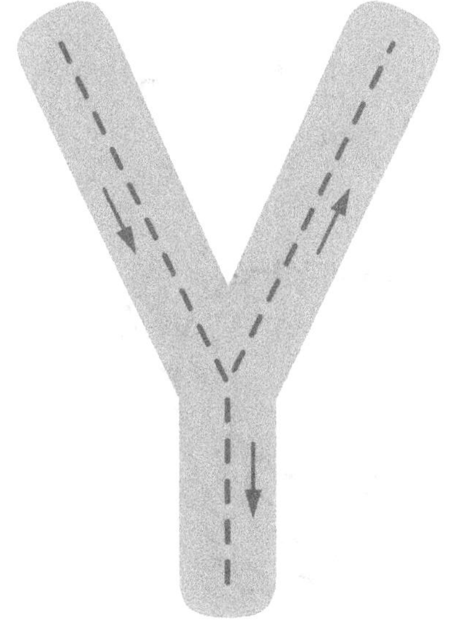

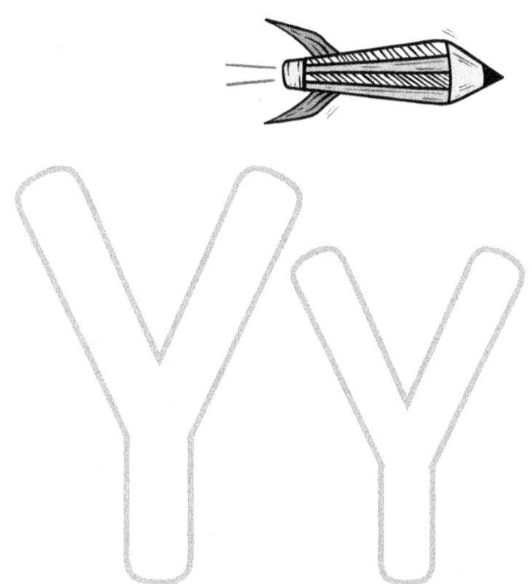

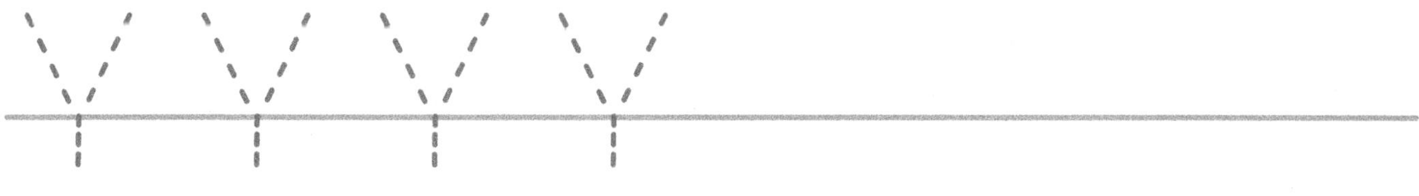

Das große Z

wie Ziege

Das kleine Z

1

2

3

4

5

6

6 6 6 6 6 6 6 6 6 6 6

6

7

9

9 9 9 9 9 9 9 9 9

9 9 9 9 9 9 9 9

9

Finde die Nummer

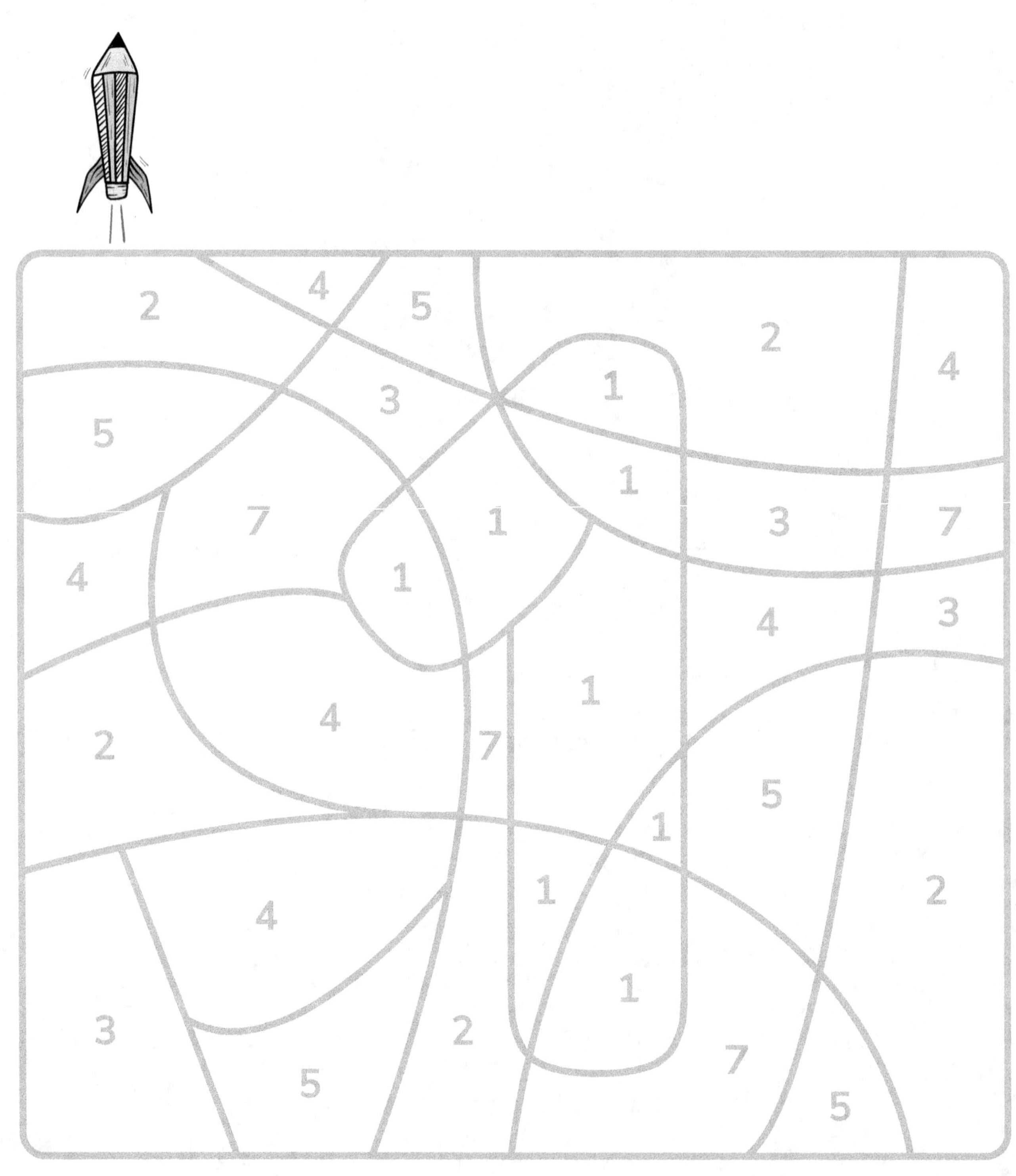

Finde die Nummer

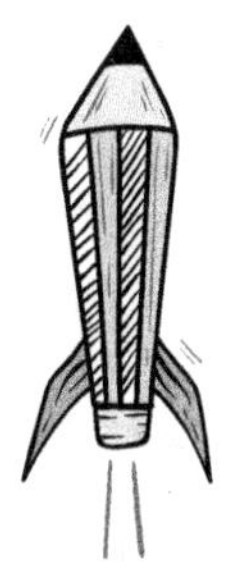

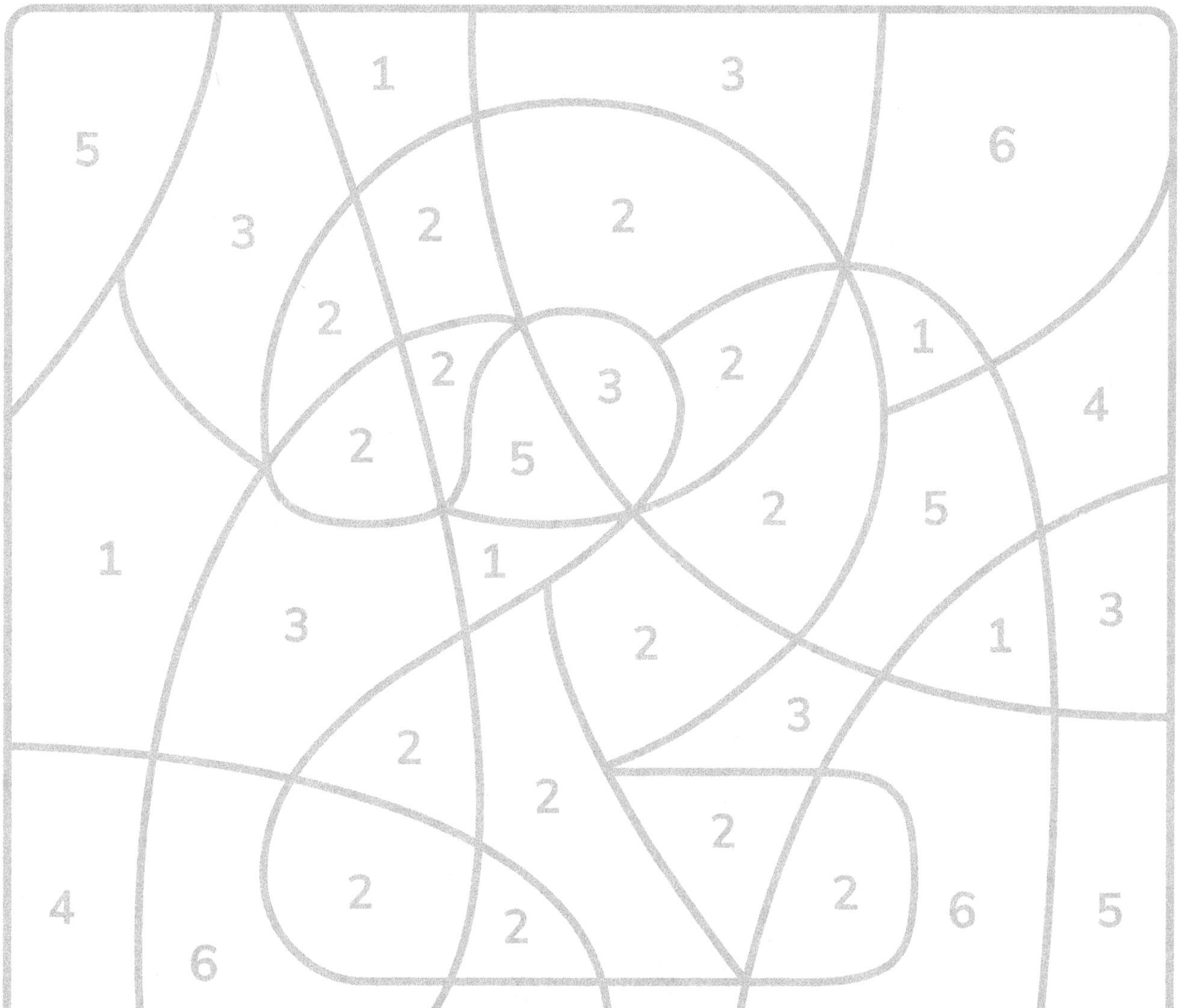

Finde die Nummer

Male alle Felder aus,
in denen du eine 3 entdeckst.

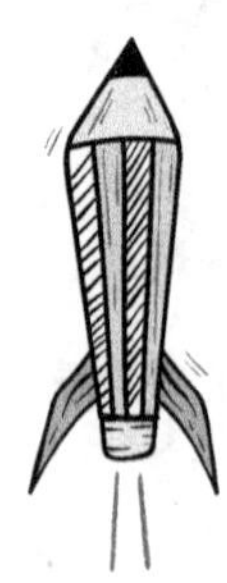

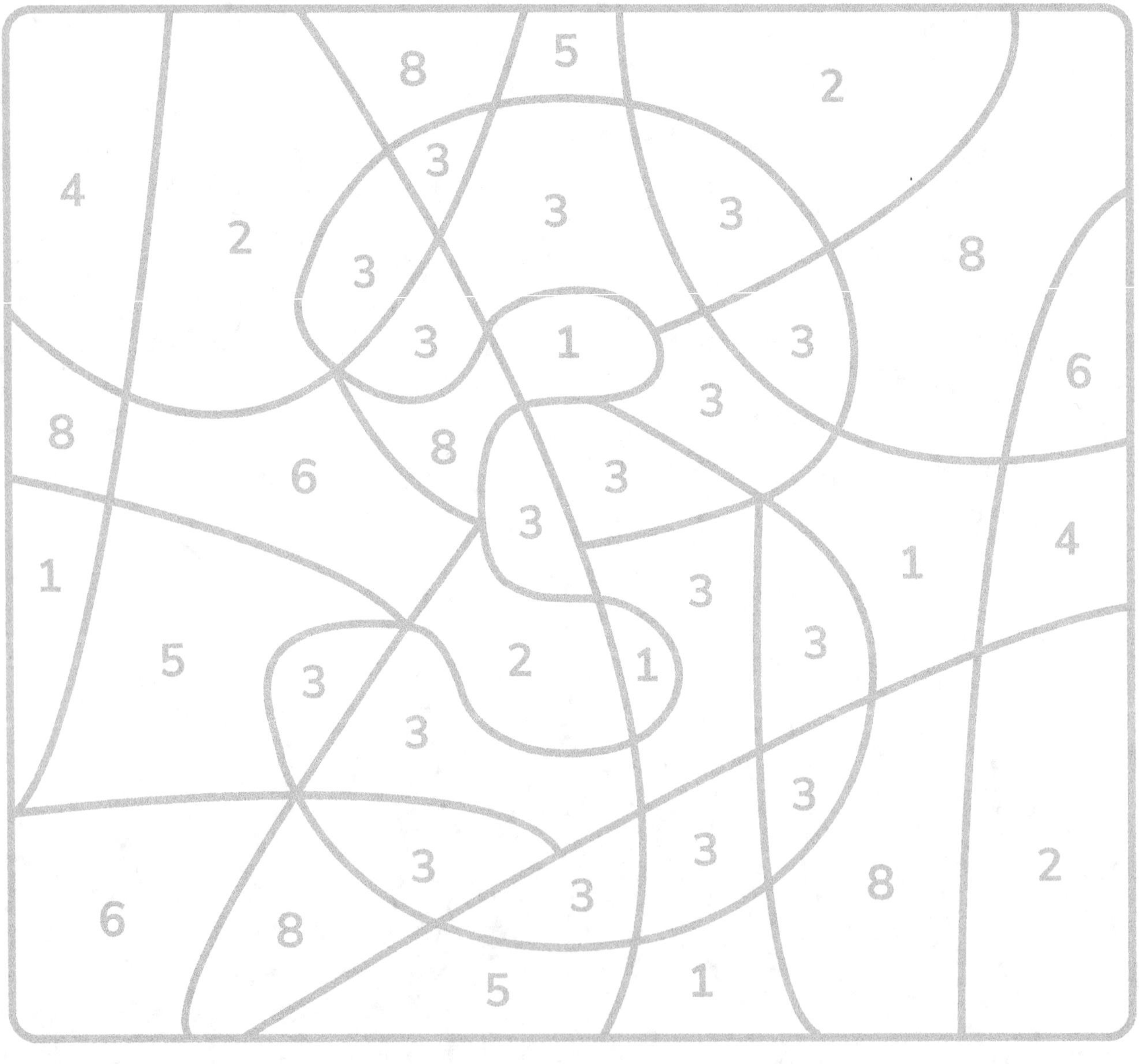

Finde die Nummer

Male alle Felder aus, in denen du eine 4 entdeckst.

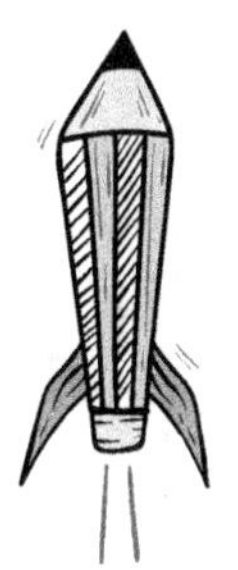

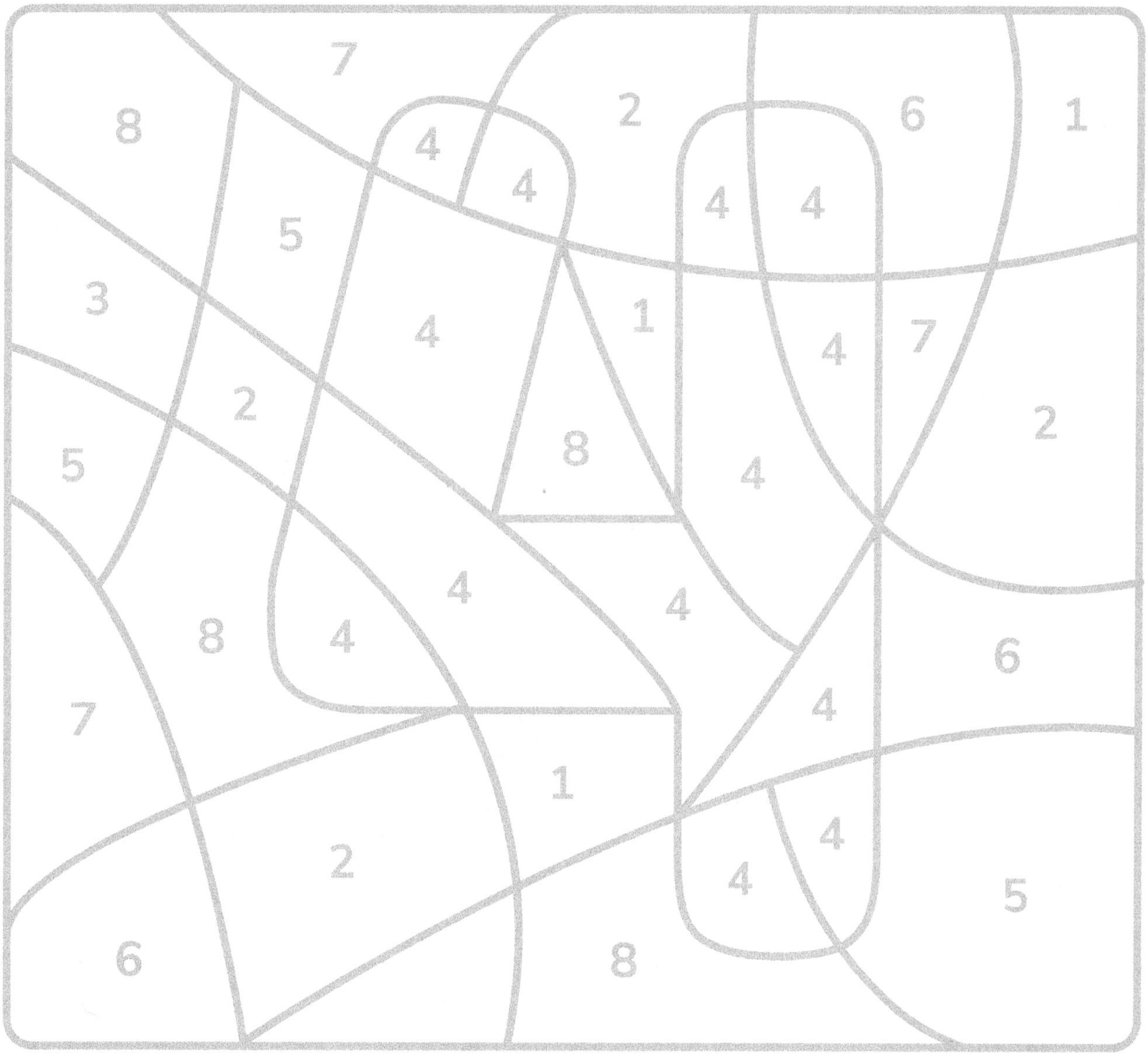

Finde die Nummer

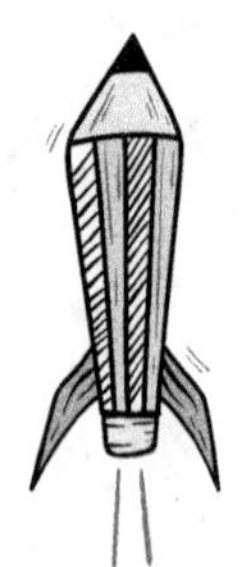

Male alle Felder aus,
in denen du eine 5 entdeckst.

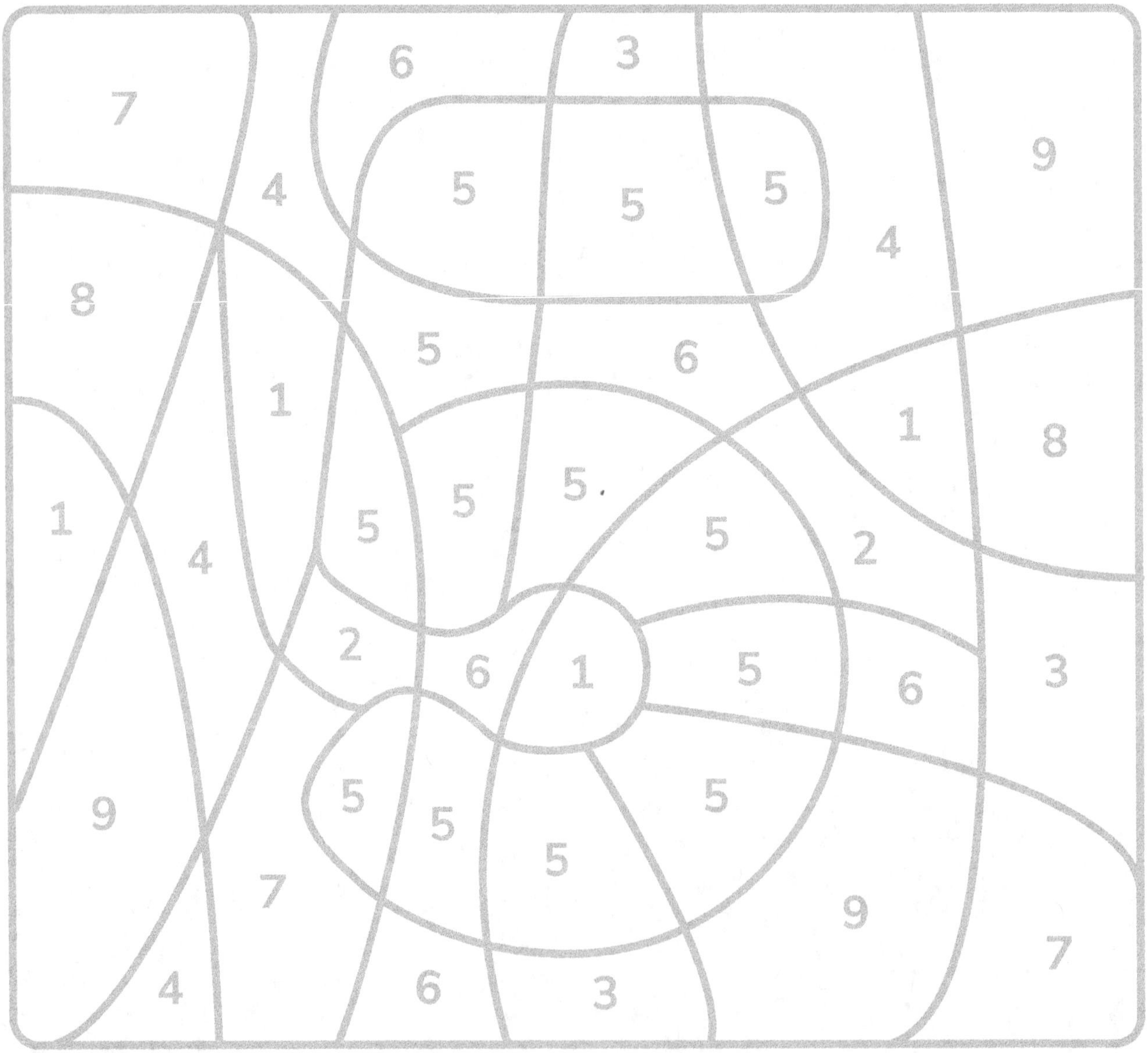

Finde die Nummer

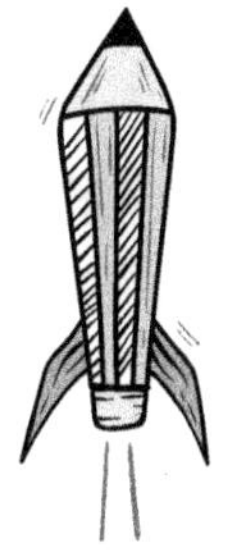

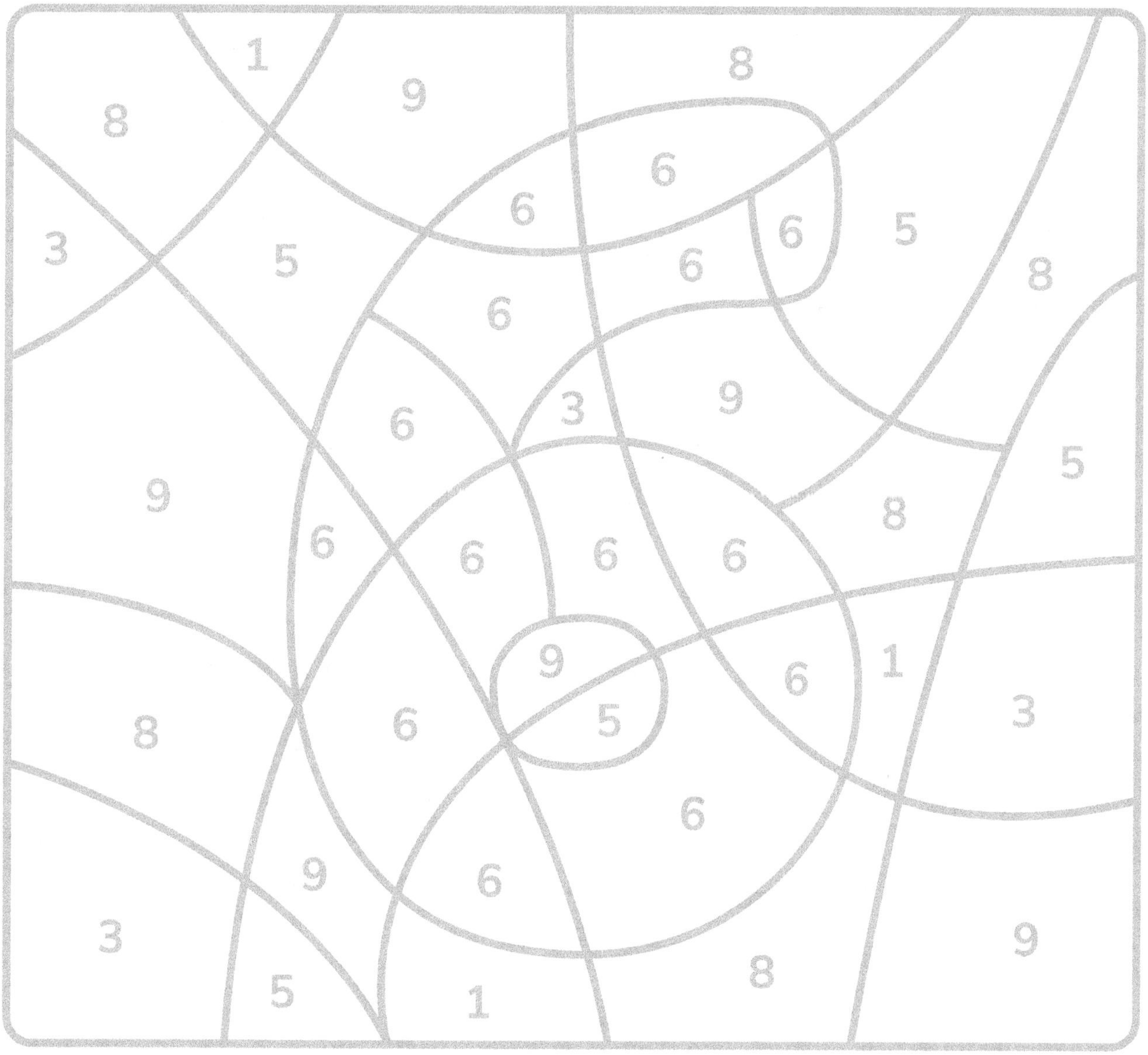

Finde die Nummer

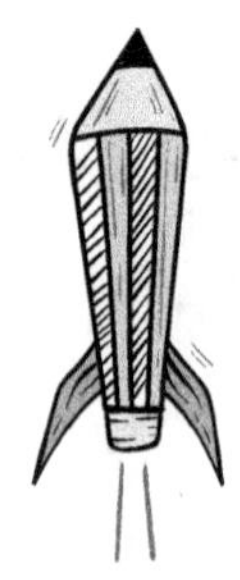

Male alle Felder aus, in denen du eine 7 entdeckst.

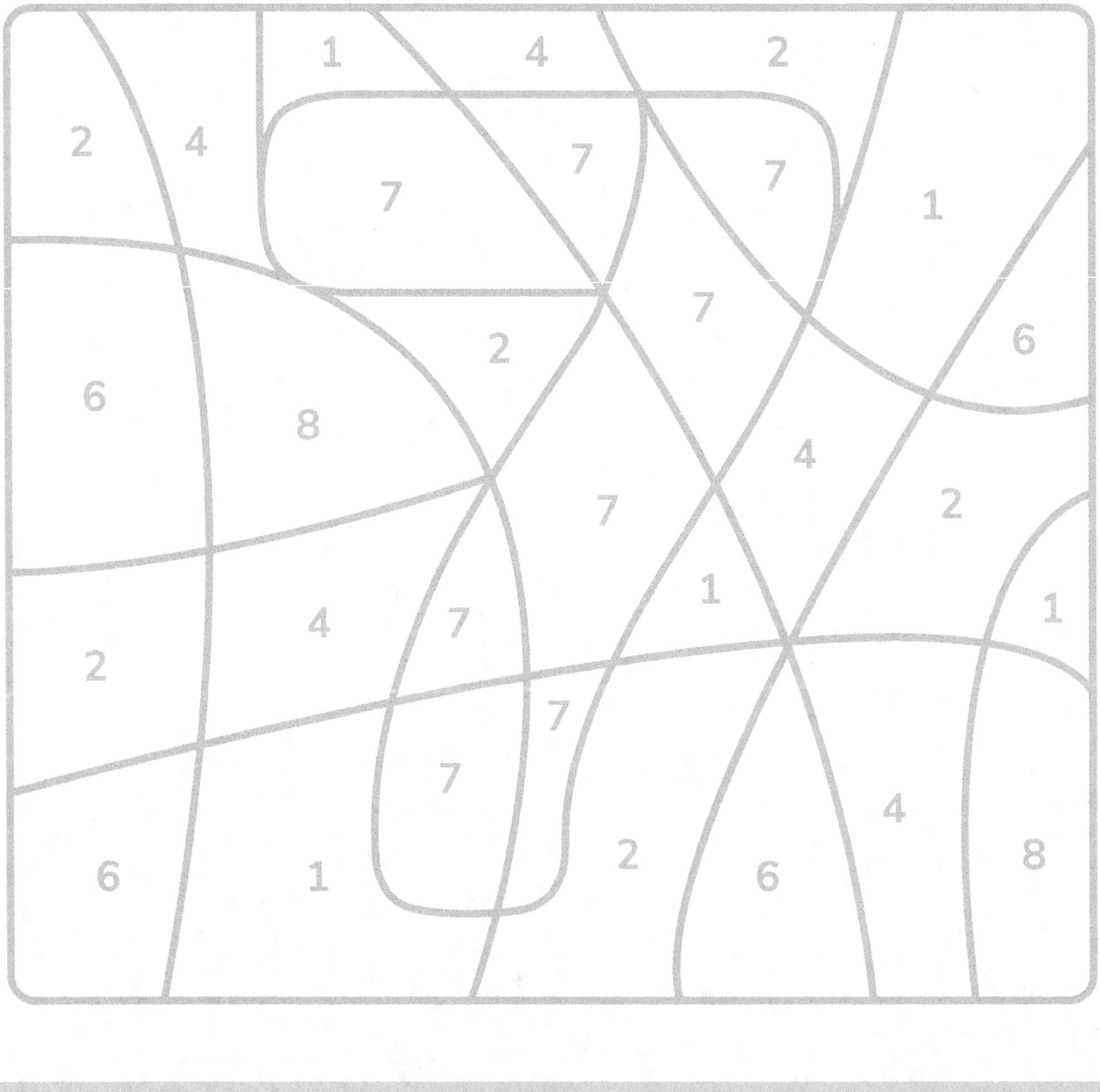

Finde die Nummer

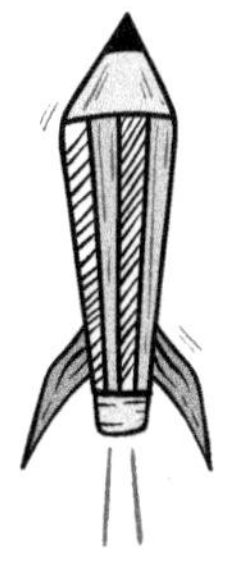

Male alle Felder aus,
in denen du eine 8 entdeckst.

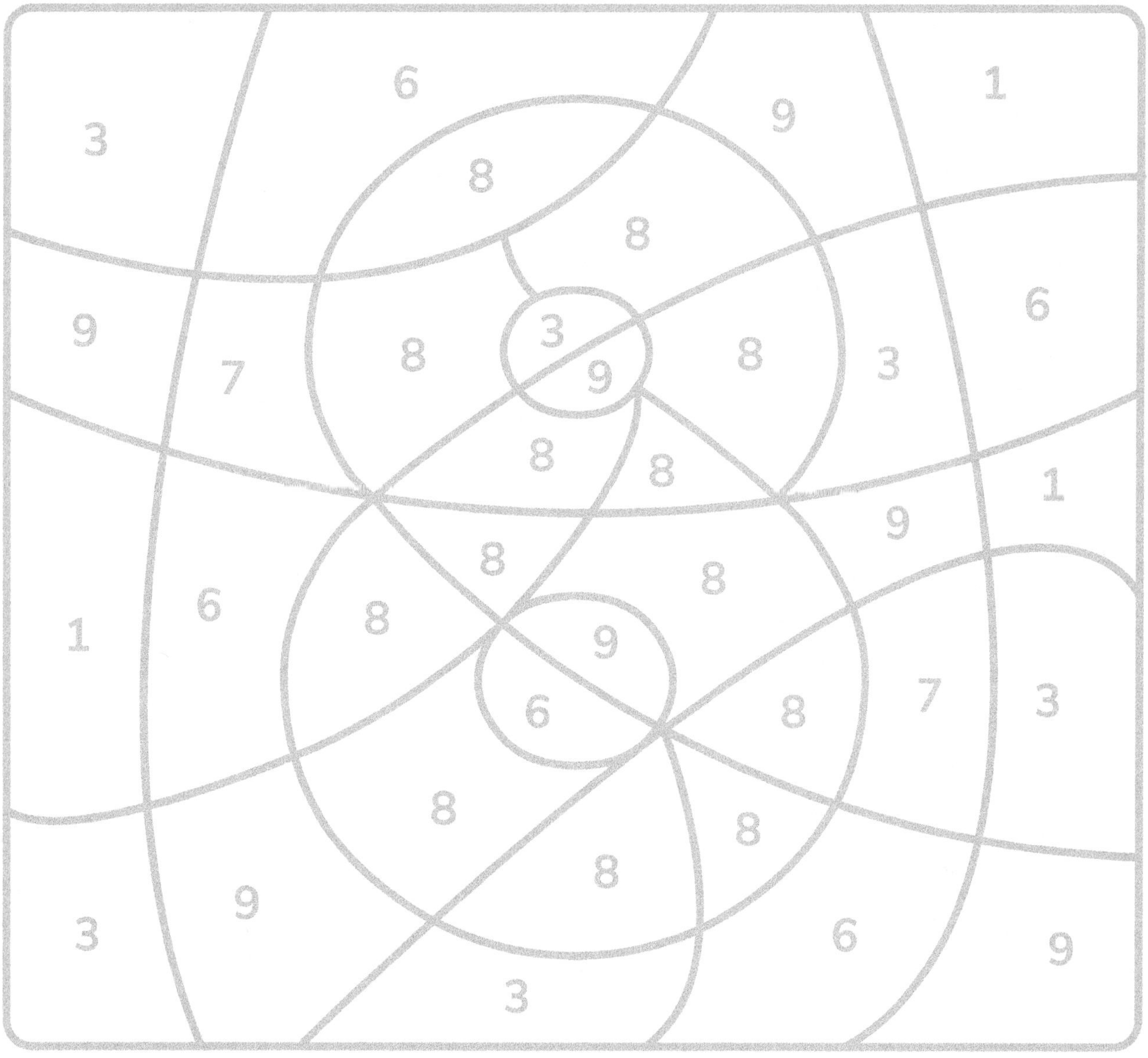

Finde die Nummer

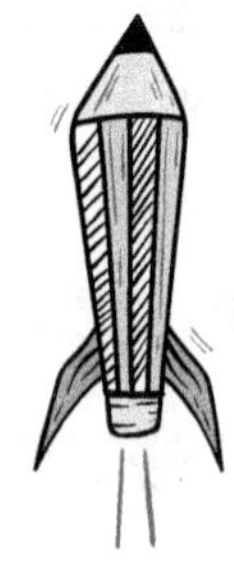

**Male alle Felder aus,
in denen du eine 9 entdeckst.**

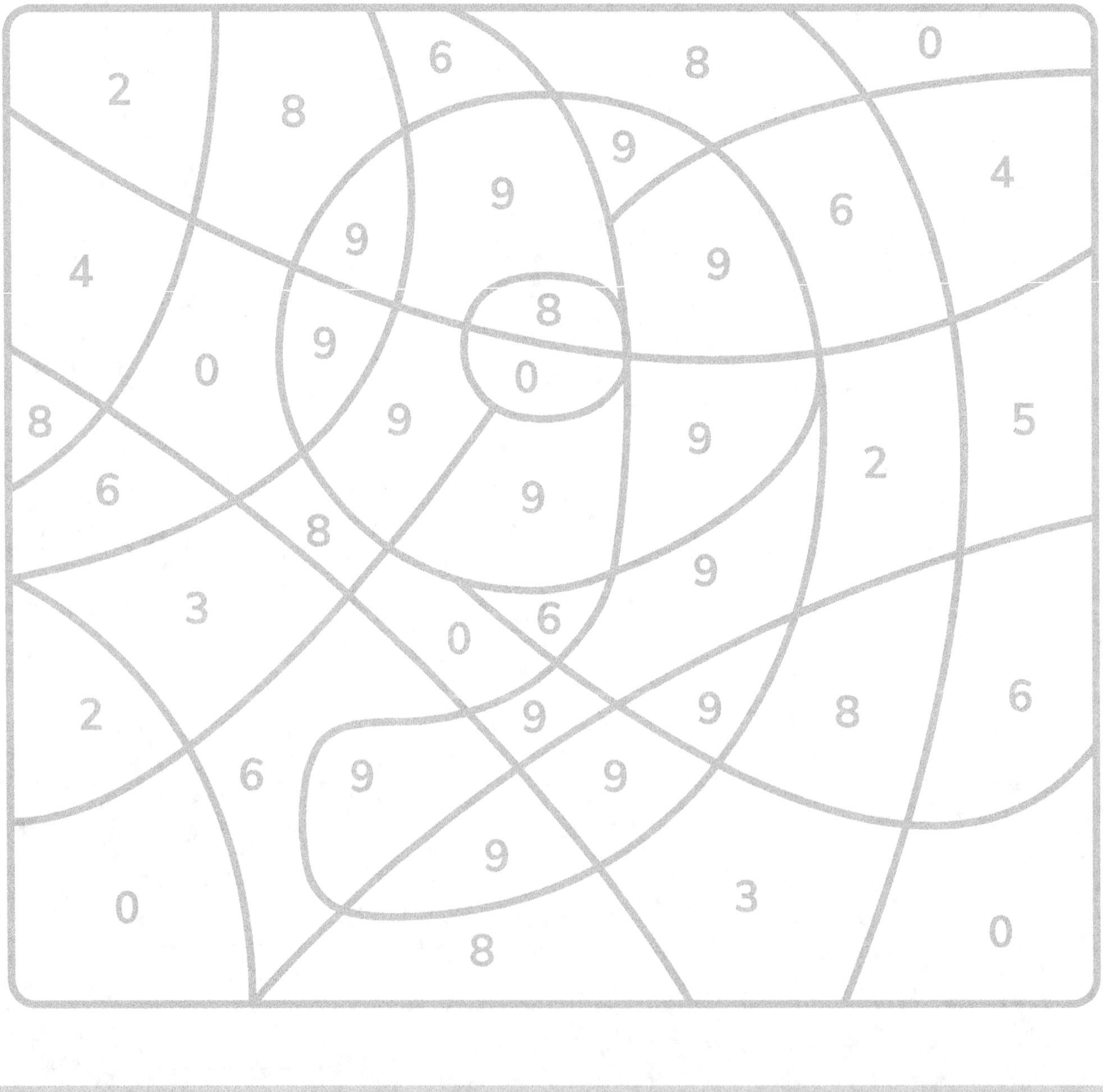

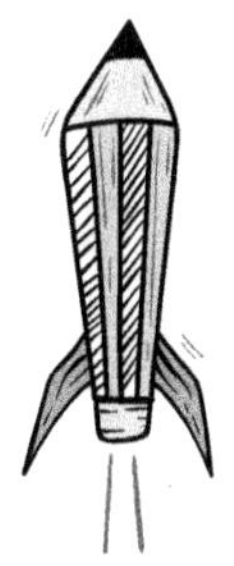

Finde die Nummer

Male alle Felder aus,
in denen du eine 0 entdeckst.

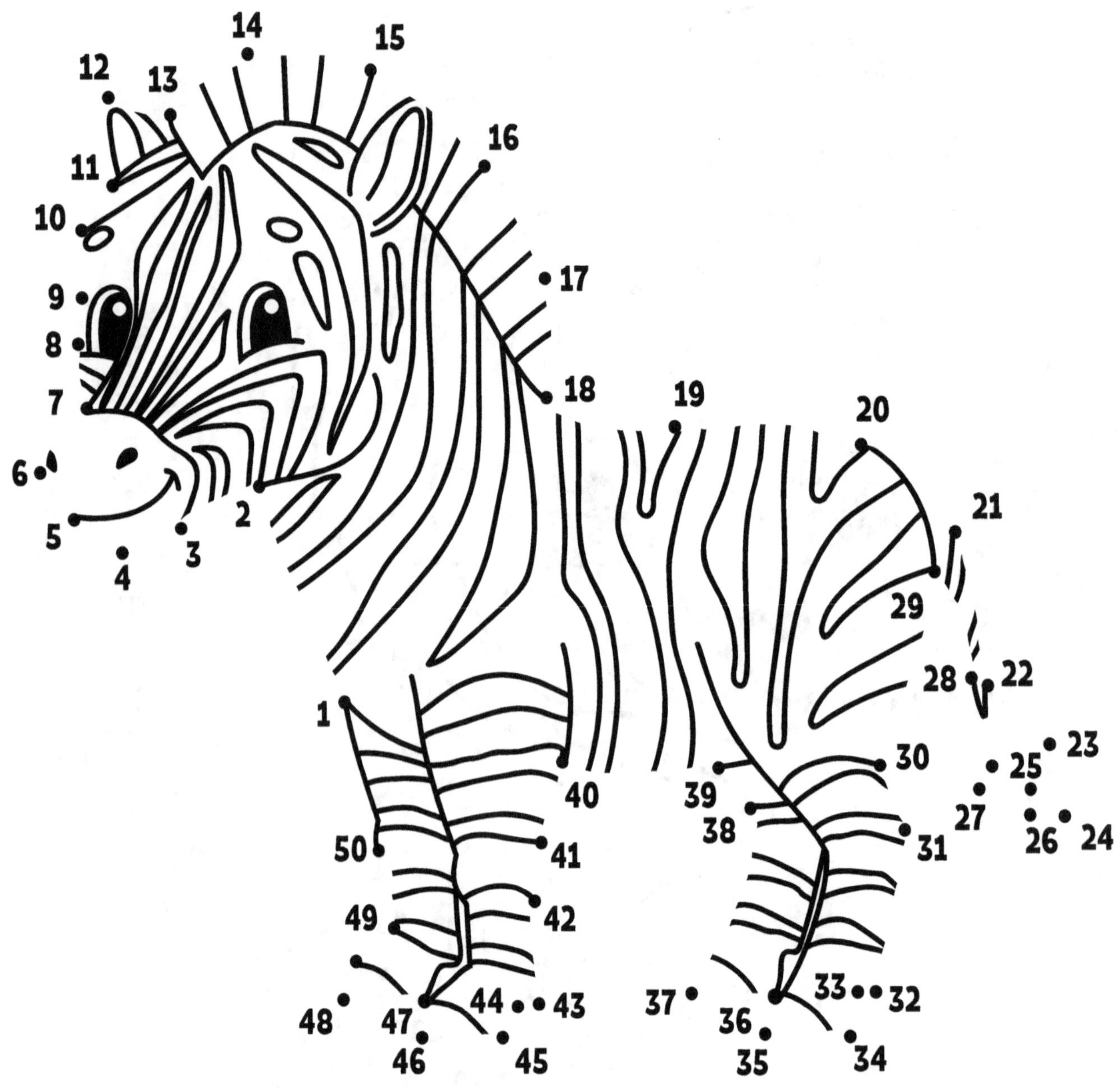

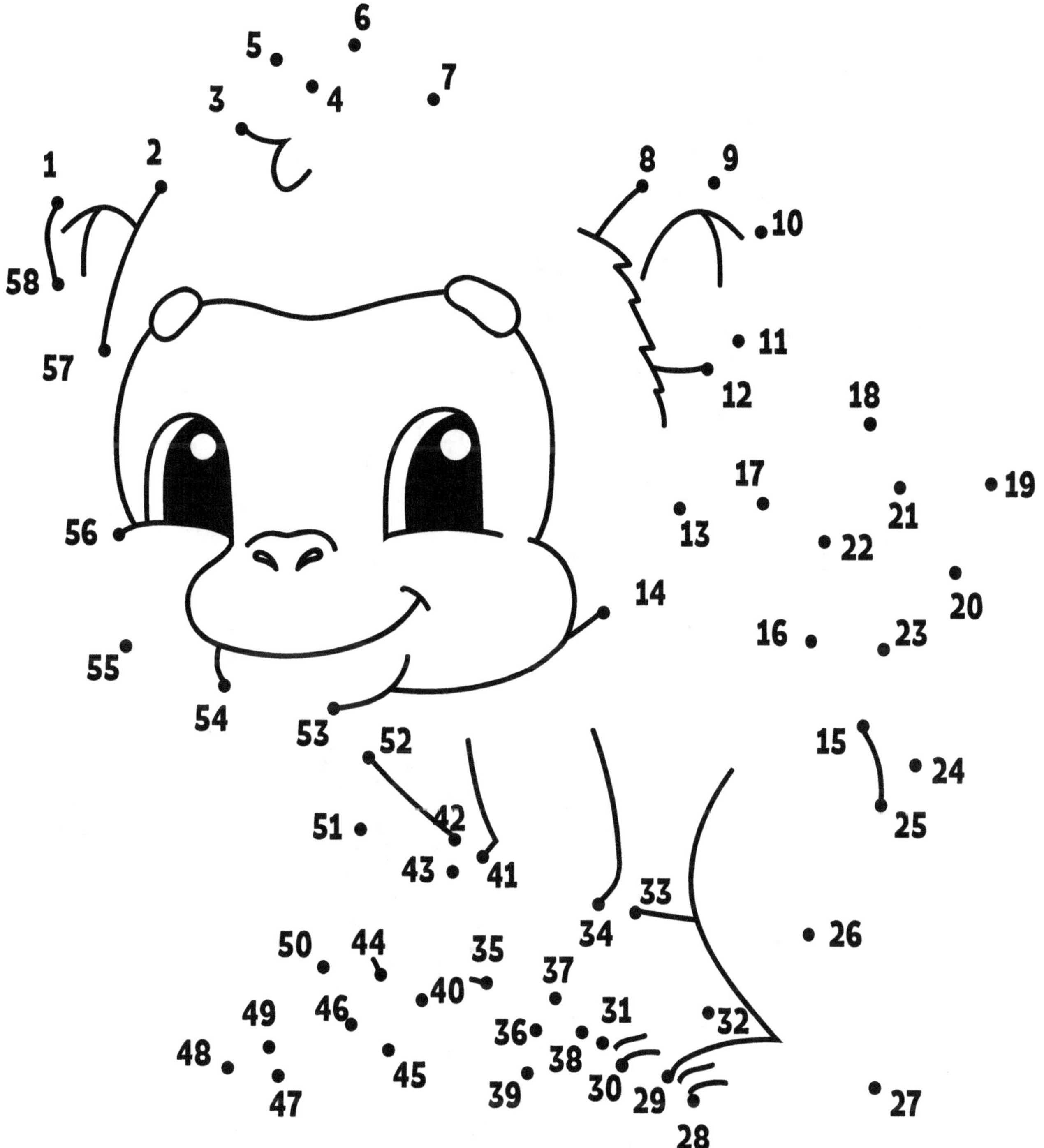

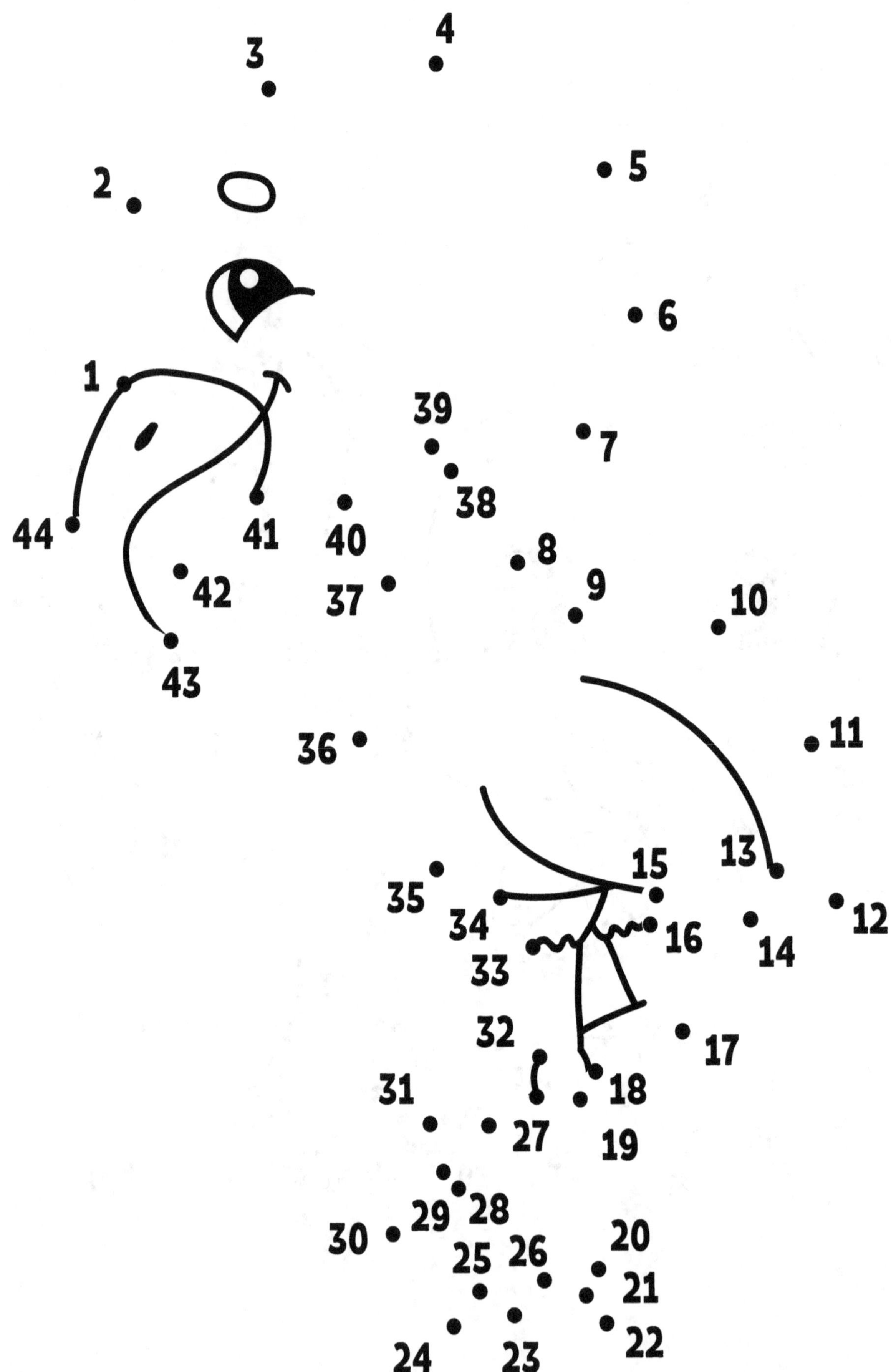

1
2
3
4
5
6
7
8
9
10
11
12
13
14
15
16
17
18
19
20
21
22
23
24
25
26
27
28
29
30
31
32
33
34
35
36
37
38
39
40
41
42
43
44

A	M	G	N	Q	S	R	V	E	V	X	W	J	T
Y	G	E	S	U	N	D	V	H	P	H	H	K	W
P	A	R	W	H	D	D	W	H	V	O	R	R	N
I	V	O	G	E	L	O	U	E	G	H	B	B	B
V	U	F	B	N	X	M	U	M	M	V	N	B	S
M	B	L	Ü	T	E	N	G	E	Z	A	L	L	E
G	J	Q	M	L	X	H	J	I	H	N	C	L	A
W	V	L	N	X	L	G	K	N	L	Y	C	L	L
I	Y	S	D	K	Z	A	C	E	A	J	B	I	K
R	S	V	A	S	E	D	K	N	O	U	U	E	B
V	C	H	U	P	U	O	O	J	J	N	F	B	Q
N	B	J	U	E	V	A	P	E	A	G	N	E	F
E	H	P	K	L	E	I	N	L	T	E	B	N	T
U	X	E	O	I	C	K	B	J	G	T	W	E	R

Wortsuchrätsel 'I' (leicht)

1. ALLE
2. VOGEL
3. LIEBEN
4. GESUND
5. BLÜTE
6. NEU
7. JUNGE
8. WIR
9. EINEN
10. VOR
11. VASE
12. KLEIN

D	R	A	B	E	X	W	G	S	G	O	S	K	Q
C	Q	B	B	K	X	H	U	C	R	I	G	L	S
B	W	Q	O	M	E	A	Z	H	Z	R	R	O	T
A	W	Q	W	K	X	U	Y	E	Y	X	O	U	A
C	H	L	W	M	W	S	A	I	X	E	Y	K	E
K	W	M	A	I	Q	B	U	N	P	O	V	R	M
E	L	H	R	D	Q	S	I	E	W	N	H	A	O
N	G	R	D	O	C	H	C	N	O	K	D	N	T
F	D	X	W	K	A	P	G	X	A	E	O	K	S
P	V	G	W	K	F	O	O	W	M	L	Q	B	I
T	G	M	Ä	D	C	H	E	N	Z	J	J	Z	Q	O
O	R	V	Q	U	X	L	H	A	L	Y	N	U	N
E	F	X	U	C	R	Y	W	W	P	M	G	J	O
G	I	P	S	U	C	H	E	N	U	H	K	Q	T

Wortsuchrätsel '2' (leicht)

1. HAUS
2. ROT
3. KRANK
4. NUN
5. RABE
6. BACKEN
7. DOCH
8. SCHEINEN
9. SUCHEN
10. MÄDCHEN
11. ONKEL
12. MAI

R	T	O	M	A	T	E	T	Y	C	E	N	T	U
Q	I	E	Q	O	T	T	J	M	O	V	S	D	V
M	O	R	D	A	U	G	E	I	R	I	N	G	W
E	Z	T	H	G	K	C	Q	I	J	E	V	U	X
G	H	I	M	M	E	L	S	R	T	I	E	R	E
C	N	Y	I	F	S	O	V	L	B	U	H	K	K
K	W	V	C	X	Y	U	S	C	X	H	M	X	Y
P	B	D	B	R	O	T	L	J	A	H	R	I	O
G	L	H	K	W	S	F	W	Y	C	H	E	B	L
G	S	E	S	T	E	I	N	M	W	O	D	U	A
E	W	L	H	B	M	R	M	B	Q	C	C	D	P
L	X	U	U	M	U	K	S	U	T	G	K	I	F
B	L	P	W	L	E	N	D	E	D	V	J	R	J
X	T	V	Q	M	D	Y	T	Q	C	U	S	W	E

Wortsuchrätsel '3' (leicht)

1. GELB
2. BROT
3. DIR
4. RING
5. STEIN
6. CENT
7. JAHR
8. TIERE
9. AUGE
10. HIMMEL
11. ENDE
12. TOMATE

Z	W	P	V	N	I	L	J	H	E	E	Q	U	R
O	G	O	G	A	U	C	H	U	N	A	S	E	G
M	I	I	R	C	O	S	N	N	K	V	J	V	M
A	M	H	F	B	W	A	E	Y	B	L	A	U	T
N	V	D	E	M	Y	A	M	N	K	V	H	N	L
E	O	K	U	J	F	I	B	F	Y	Y	W	Y	D
M	E	U	R	O	K	Z	I	E	G	E	E	G	D
K	B	J	K	O	D	E	J	F	D	H	P	N	O
J	E	F	R	B	A	L	O	S	Q	A	F	M	G
O	E	A	S	C	H	W	A	R	Z	D	M	U	S
F	B	K	H	V	P	U	H	C	F	I	P	T	Y
U	F	E	D	E	R	A	B	I	L	D	O	T	J
S	V	B	J	B	X	J	H	K	Q	J	D	I	P
Q	B	M	B	I	E	N	E	M	U	M	C	O	S

Wortsuchrätsel '4' (leicht)

1. MUTTI
2. BLAU
3. ZIEGE
4. SCHWARZ
5. FEDER
6. OMA
7. DEM
8. BILD
9. EURO
10. AUCH
11. NASE
12. BIENE

R	A	D	O	P	N	U	N	R	R	Z	N	M	Z
S	R	E	D	F	S	W	Y	L	F	Q	B	F	K
S	L	N	C	L	F	O	U	W	R	S	U	G	A
O	M	K	C	A	K	L	U	Y	S	I	N	H	U
G	W	E	U	N	P	L	V	V	I	I	T	O	F
F	R	N	L	Z	N	E	U	N	E	O	S	S	E
R	L	B	Q	E	J	N	P	O	B	Q	L	O	N
I	L	T	G	H	B	F	W	D	E	U	Ö	N	W
S	U	H	J	Q	T	Y	U	X	N	H	W	T	U
C	Q	K	Ö	N	N	E	N	Q	E	G	E	R	W
H	B	X	X	S	O	A	W	C	L	W	I	Q	H
P	N	S	X	S	Y	Q	U	A	T	S	C	H	I
D	E	N	D	R	M	Y	R	P	V	W	E	K	B
M	D	Z	R	M	E	I	N	E	X	K	G	J	S

Wortsuchrätsel '5' (leicht)

1. FRISCH
2. WOLLEN
3. MEINE
4. PFLANZE
5. DENKEN
6. KÖNNEN
7. QUATSCH
8. LÖWE
9. KAUFEN
10. SIEBEN
11. BUNT
12. DEN

K	P	U	D	L	S	Z	X	N	X	H	S	E	I
W	B	L	S	L	A	U	F	E	N	V	U	P	T
A	G	E	L	G	J	H	E	C	T	E	M	I	U
S	B	R	S	E	I	F	E	P	F	X	P	L	D
S	V	B	C	D	Y	I	S	H	C	W	O	E	I
E	M	T	O	H	C	I	Z	I	U	T	K	I	S
R	U	Z	C	V	F	F	G	M	N	X	B	C	L
H	J	E	N	G	P	P	E	V	D	S	Q	H	K
S	C	F	V	S	U	U	B	D	V	S	G	T	S
F	V	W	F	Z	U	E	E	X	X	Y	S	K	O
W	M	I	I	U	V	Y	N	Y	W	O	L	K	E
F	B	E	F	M	N	X	O	O	K	F	T	J	M
U	K	G	E	V	N	L	C	U	R	W	R	B	O
N	I	O	B	W	F	M	C	W	I	E	D	E	R

Wortsuchrätsel '6' (leicht)

1 WIEDER
2 WASSER
3 ZUM
4 WOLKE
5 GEBEN
6 SEI
7 LAUFEN
8 SEIFE
9 WIE
10 LEICHT
11 ENG
12 UND

T	H	S	Q	P	U	W	P	U	M	D	I	C	H
C	W	O	C	H	E	F	U	V	K	Z	F	L	K
S	W	O	N	L	F	N	U	T	R	Z	U	V	E
E	B	R	A	U	N	M	R	I	O	U	Y	G	I
Q	V	N	T	C	Y	Z	B	Z	L	Q	Q	I	N
U	T	D	T	D	B	E	R	S	L	S	Q	H	H
Z	L	Y	I	I	L	B	U	W	E	I	F	Y	P
A	A	J	E	V	E	O	F	M	N	K	I	C	V
G	C	E	R	A	I	L	E	Z	B	D	N	Y	Q
V	H	P	V	C	B	J	N	U	X	O	D	I	X
Q	E	G	W	K	E	U	R	L	I	O	E	D	S
L	N	V	J	P	N	D	G	J	U	X	N	W	E
C	Q	O	B	S	I	D	I	B	C	M	R	R	I
M	U	S	S	H	N	P	K	Q	Z	Y	Q	K	S

Wortsuchrätsel '7' (leicht)

1. BLEIBEN
2. MUSS
3. TIER
4. BRAUN
5. LACHEN
6. EIS
7. DICH
8. ROLLEN
9. WOCHE
10. EIN
11. RUFEN
12. FINDEN

I	B	D	C	D	R	D	L	P	O	V	S	R	L
V	E	A	D	B	X	B	H	G	F	G	J	J	V
O	V	B	S	V	R	B	W	O	R	T	M	F	D
V	A	T	E	R	M	W	T	N	N	B	N	Z	G
W	Q	S	F	N	R	T	S	E	M	Q	K	E	Q
A	G	O	T	A	G	H	W	E	I	T	U	I	S
Z	P	X	J	P	S	X	W	V	Q	K	O	G	L
C	N	R	F	Ü	L	L	E	R	X	M	H	E	X
C	M	Q	P	Q	C	C	J	A	W	J	O	N	C
D	C	G	A	B	E	L	B	W	L	I	T	V	Q
O	T	Z	M	Z	P	R	S	C	H	A	S	E	N
E	G	B	Q	P	L	J	X	F	W	F	E	G	W
B	U	G	Z	A	O	L	S	C	H	O	N	N	N
W	T	R	H	M	E	R	S	N	R	U	F	R	T

Wortsuchrätsel '8' (leicht)

1. VATER
2. SCHON
3. FÜLLER
4. GABEL
5. HASE
6. ZEIGEN
7. WORT
8. AM
9. GUT
10. TAG
11. WEIT
12. DA

M	F	W	G	X	Z	P	F	P	M	M	U	Z	D	H	H
V	R	P	E	Q	V	E	U	V	E	Q	J	D	N	A	K
H	U	I	O	B	I	C	S	U	I	F	A	T	T	I	X
W	Ü	B	E	R	X	D	S	S	N	B	L	Q	N	I	Z
N	C	J	G	P	I	H	G	T	L	T	I	X	C	R	U
G	R	E	O	W	K	J	Y	N	K	C	Z	S	R	P	B
B	E	Z	H	I	W	B	J	D	G	B	W	L	G	U	A
D	X	B	L	N	N	P	I	M	D	Q	T	I	R	A	U
Y	R	U	E	T	E	S	Q	F	M	J	U	N	O	R	E
D	B	O	I	E	K	E	P	E	N	J	H	C	S	B	N
P	Y	V	H	R	U	G	A	Q	V	K	B	Y	S	E	I
K	B	D	I	B	A	U	M	X	R	V	O	T	C	I	W
L	N	I	A	U	F	G	A	B	E	R	G	T	K	T	F
V	G	Y	H	V	F	Q	X	E	I	Q	R	O	V	E	C
J	P	T	W	L	N	R	L	B	K	B	F	Ü	R	N	L
U	X	E	M	Q	W	U	R	M	K	Y	S	W	H	N	X

Wortsuchrätsel '9' (mittelschwer)

1. FÜR
2. FUSS
3. ARBEITEN
4. ÜBER
5. HAI
6. MEIN
7. AUFGABE
8. EI
9. WINTER
10. BAUEN
11. BAUM
12. GROSS

Lena Rakete

LENA

Mathias Buhl · Humplgassl 10 · 82515 Wolfratshausen · Germany